읽기 '지도'를 따라가야 공부가 있다

읽기 '지도'를 따라가야 공부가 있다

초판 1쇄 발행 2023년 9월 22일

지은이 성화, 박선영
펴낸이 장길수
펴낸곳 지식과감성⁺
출판등록 제2012-000081호

교정 김서아
디자인 정윤솔
편집 정윤솔
검수 정은솔, 이현
마케팅 김윤길

주소 서울시 금천구 벚꽃로298 대륭포스트타워6차 1212호
전화 070-4651-3730~4
팩스 070-4325-7006
이메일 ksbookup@naver.com
홈페이지 www.knsbookup.com

ISBN 979-11-392-1329-4(03370)
값 13,000원

- 이 책의 판권은 지은이에게 있습니다.
- 이 책 내용의 전부 또는 일부를 재사용하려면 반드시 지은이의 서면 동의를 받아야 합니다.
- 잘못된 책은 구입하신 곳에서 바꾸어 드립니다.

지식과감성⁺
홈페이지 바로가기

읽기 '지도'를 따라가야 공부가 있다

성화 · 박선영 지음

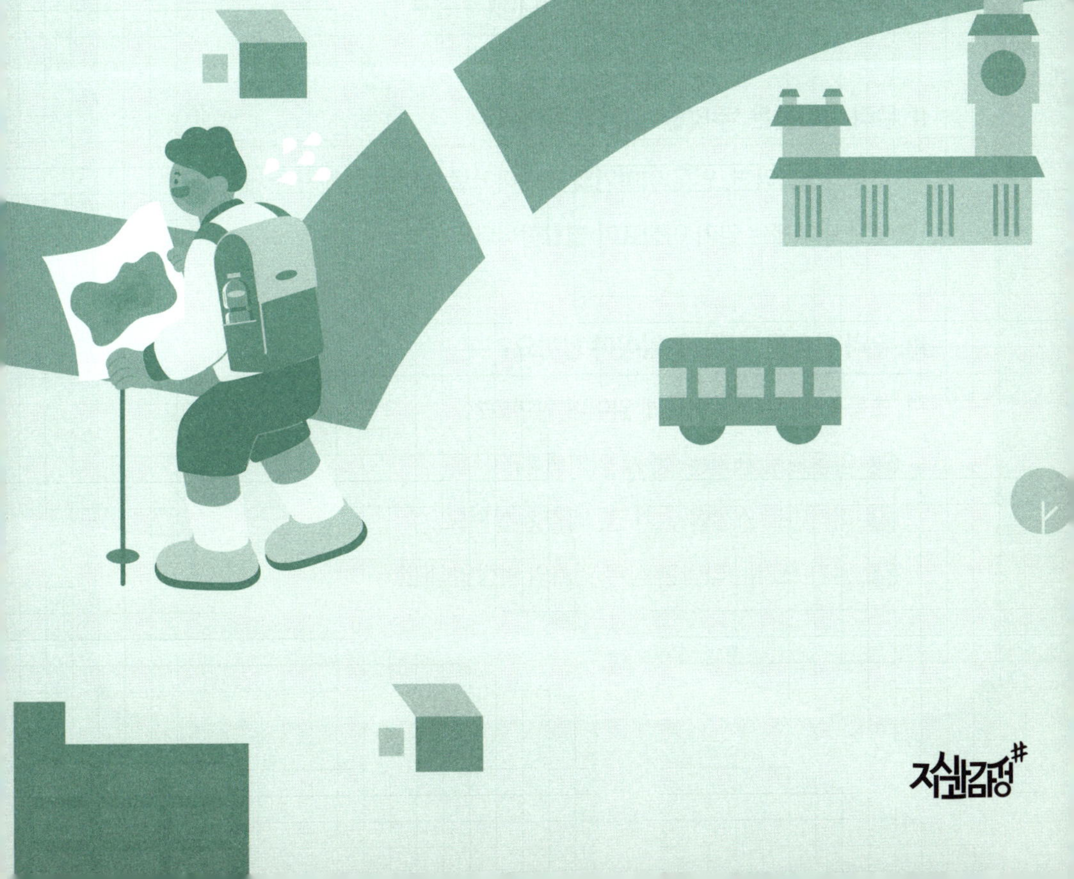

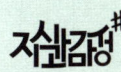

목차

머리말   6

I. 우리 아이들의 '읽기', 무엇이 문제일까요?

  1. 초등학생, 읽기의 해답은 '음독'입니다!   16
  2. 중·고생, 읽기의 해답은 '교과서'입니다!   31

II. 우리 아이들은 '무엇을' 읽어야 할까요?

  1. 초등학생이라면, 인물 이야기와 옛이야기로 흥미를 일깨워 주세요!   46
  2. 청소년에게는 읽기 이정표가 필요합니다!   54

III. 우리 아이들 '어떻게' 읽어야 할까요?

  1. 초등학생, 문학을 어떻게 읽어야 할까요?   62
    ❶ 마음으로 즐기는 것, 시 읽기의 시작!   65
    ❷ 미디어로 소설을 읽기 전, 배경을 살펴요!   82
    ❸ 일기 쓰기는 다양한 장르 읽기의 바탕입니다!   98

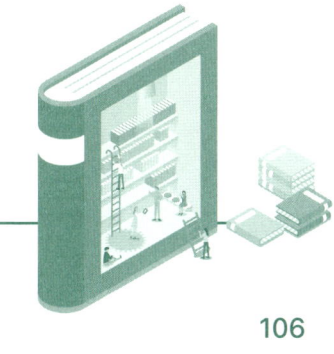

2. 중·고등은 어떻게 읽어야 할까요?   **106**
  ❶ 시를 읽어야 할 이유 찾기가 먼저!   106
  ❷ '누가, 어디서, 무엇을 말하는가'에 집중하라!   124
  ❸ 장르의 특성을 이해하면 글 읽기가 쉽다!   139

3. 문학이 아닌 글은 어떻게 읽어야 할까요?   **148**
  ❶ 장르에 따라 글의 특성을 파악하며 읽어요   148
  ❷ 정보·지식을 담은 글 읽기의 시작은 교. 과. 서!   150
  ❸ 글을 시각화하여 입체적으로 읽어라!   160

맺음말   171

머리말

얼마 전 고1 학생에게 문자가 왔습니다.

"선생님, '금일 순차 출고될 예정입니다'가 무슨 말인가요? 택배를 시켰는데 금일이 금요일인가요? 일요일인가요?"

고1 학생인데 '금일'의 뜻을 모르는 것이 이해가 되지 않아 그날 수업에 온 초, 중학생들에게 '금일'의 뜻을 아는지 물어보았습니다. 놀랍게도 절반 이상의 아이들이 '금일'의 뜻을 정확하게 알지 못했습니다.

우리 아이의 읽기 능력은 안녕한가요?

무엇을 읽는다는 것은 단순히 글자를 읽어 내는 능력이 아니라 그 글자가 의미하는 바가 무엇인지 정확하게 이해하는 것을 말합니다. 부모는 아이가 책을 읽고 있는 모습만 보아도 기특합니다. 그런데 혹시 아이가 책 내용을 제대로 알고 있는지 생각해 보셨나요? 아이가 책을 읽는 모습만 보고 부모들은 책을 제대로 이해했을 것이라 단언합니다. 그러다 우연히 분명히 책을 읽었는데도 아이가 책의 중요한 내용을 기억하지 못하고 있다는 사실을 발견하는 순간, 아이의 읽기에 무언가 문제가 있다고 생각하게 되지요. 또 책을 그간 많이 읽어 왔다고 생각한 아이인데, 국어를 비롯한 학업 성적이 부족하다고 느낄 때 문제의 근원을 고민하게 됩니다.

　초등 독서 논술의 기본 과제는 바로 '책 읽기'입니다. 아이들이 책을 제대로 읽어 왔는지 확인하기 위해 교사는 몇 가지 책의 내용과 관련된 질문을 던집니다. 이야기 글이라면 중심 사건과 갈등 원인, 해소 방법이 무엇이었는지, 정보를 전달하는 글이라면 가장 핵심이 되는 단어에 대해 질문합니다. 이때 적극적으로 답변을 하는 아이가 있는가 하면 분명히 읽었는데 기억을 하지 못하는 아이가 있습니다. 분명히 읽었다는 것! 그것은 정말 사실일까요?

　우리 아이들은 이미 초등 입학 전에 한글을 떼는 경우가 많고, 초등학교 2학년만 되어도 모르는 글자가 없을 정도로 잘 읽어 냅니다. 문제는 글자를 읽는 행위와 글을 이해하며 읽는 행위는 다르다는 겁니다. 안타깝게도 우리의 아이들은 학령기의 중반을 넘어서면서부터 교과서가 요구하는 읽기, 쓰기의 능력을 갖추는 것조차 어려워합니다.

　뜨거운 교육열에 힘입어 "엄마"라는 말을 내뱉는 그 순간부터 유아기의 아이들은 한글을 무서운 속도로 학습해 갑니다. 이미 취학 전에 한글로 직접 글을 읽고 쓰는 것이 가능해지지요. 일반적으로 글자를 읽고 의미를 이해해 나가는 초등 저학년 시기가 지나면 긴 문장을 의미 단위로 끊어 읽으며 학습 독서를 시작하고, 나아가 사실과 의견을 구분하고 생략된 정보를 추론해 나가는 독해 능력 성장기를 거치게 됩니다. 그러나 학령기 우리 아이들은 고학년이 되면서 수학과 영어 학습이라는 굴레에서 벗어날 수 없습니다. 빡빡한 일정과 숙제로 인해 독해 능력 성장기를 놓치는 아이들이 너무도 많은데요. 부모님들은 우리 아이가 글자를 읽고 쓸 수 있게 되면서 아이가 모든 글을 읽고 이해할 거라는 착각의 늪에 빠지기 때문입니다.

글을 읽는다는 것은 생각하는 것을 말합니다. 생각하는 것, 즉 '사유'는 대상을 두루 생각하는 일인데, 개념이나 구성, 판단, 추리 따위를 행하는 인간의 이성 작용으로 정의되지요. 단순히 글자를 읽는 것과 글을 읽고 이해하는 것은 다른 개념입니다. 사유의 과정을 거치지 않는다면 글 읽기를 통해 얻을 수 있는 중요한 성과를 놓치는 것이죠. 하지만 지금 우리의 아이들에게 생각을 요하는 글 읽기는 다른 학습에 밀려 외면당하고 있습니다. 문해력이라는 말이 중요한 화두로 떠오르고 있는 지금, 교육계에서는 문해력을 해결하려는 다양한 움직임이 나타나고 있습니다.

수학과 영어 과목에서도 읽기 능력은 중요한 역량 중 하나인데요. 논리적 사고력을 요하는 고학년 수학에서 심화 과정에 발목을 잡히는 아이들이 많습니다. 초등 4학년 이상 수학과 심화 문제를 읽어 본 학부모라면 공감하실 텐데요. 상당수의 아이들이 문제 자체를 이해하지 못해 수학 개념에 적용하지 못하는 것이 현실입니다. 이러한 현상은 영어 과목에서도 마찬가지인데요. 초등 과정에서 영어 학습의 상당 부분을 차지하는 것은 단어 암기입니다. 아이들은 이미 배운 우리말의 단어들을 영어로 바꾸어 배우느라 단어 암기에 상당 시간을 할애하는데요. 5학년 여학생에게 영어 시험에서 나올 영어 단어의 한글 뜻을 물어본 적이 있습니다. 놀랍게도 60개의 영어 단어 시험 문제 중 10개 이상의 단어에서 한글 뜻을 모르고 있었습니다. 'think'라는 단어를 '생각하다'라고 암기한 아이에게 '사고하다'라는 뜻의 영어 단어를 물어보면 대답하지 못하는 이상한 현상이 일어나고 있는 것이죠.

이번엔 중등 입학을 앞둔 아이들에게 질문을 던졌습니다.

"너희들은 한글을 모두 읽고 쓸 수 있지? 그럼 웬만한 한글 단어들의 뜻은 잘 알고 있다는 거지?"

자신만만하게 "네"라고 대답한 아이들에게 몇 개의 단어를 알려 주었고 그 의미를 물어보았습니다. 결과는 처참했는데요. 아이들에게 내 준 단어는 '주관적, 객관적, 이성적, 미시적, 작위적, 상보적, 고무적, 개연성, 유동성, 가독성, 항구성, 문식성' 등이었습니다. 일명 -적군과 -성군 단어들인데요. 的(적) 자와 性(성) 자가 쓰인 단어들은 학술 용어로 많이 등장합니다. 사회 현상이나 추상적인 개념들을 설명하기 위해 만든 한자어들에 주로 이러한 경향 혹은 '성질을 가진'이라는 의미를 만들기 위해 的(적)과 性(성)을 붙입니다. 문제는 이러한 용어들이 중, 고등 모든 영역의 교과서에 거침없이 사용된다는 것이죠. 이렇게 한자를 기반으로 한 개념어에 대한 이해 없이는 제대로 글을 읽고 이해할 수가 없습니다. 우리글에 대한 이해 없이 영어 단어를 맹목적으로 암기하는 동안 국어 어휘력은 급격히 떨어지고 있는 것입니다.

그렇다면 영어 단어를 암기하듯이 국어의 단어도 그 뜻을 달달 암기하면 될까요? 물론 암기해야 하는 단어도 존재합니다. 한자어의 경우 암기가 이뤄지지 않게 되면 다음에 또 그 단어를 만났을 때 모르는 단어가 될 확률이 높습니다. 고사성어를 비롯해 자주 사용하는 한자어의 경우 사전을 열어 그 뜻을 분명하게 알아 둘 필요가 있습니다. 간혹 그 뜻을 알고 있다고 착각하고 그냥 넘어가는 경우가 있는데요. 이렇게 되면 문장 전체의 의미가 달라질 수도 있습니다. 확실히 모른다고 판단한 단어의 경우 사전을 찾아 그 의미를 제대로 확인하는 작업이 필요합니다. 하지만 국어의 모든 단어를 이렇게 사전을 열어 일일이 그 뜻을 찾고 암기할 필요는 없습니다. 모국어인 한국어의 고급 어휘들은 여러 글 속에서 만나야 합니다. 많은 글을 읽고 그 글의 맥락 속에서 단어가 갖고 있는 포괄적인 의미를 이해하는 과정을 거치는 것이 좋습니다. 하나의 단어를 꼭 하나의 의미로만 사용하지 않기 때문에 여러 글을 읽으면서 그 단어가 어떠한 맥락에서 어떠한 의미로 사용되는지 다채롭게 만나야 합니다. 이렇게 어휘를 익히고 글을 읽는 과정이 원활히 이루어져야만 제대로 된 쓰기 활동도 가능합니다.

그렇다면, 쓰기 활동은 어떨까요? 읽기와 더불어 쓰기 활동 또한 고도의 사고 과정을 필요로 합니다. 글의 글감을 정하고 그 글감에서 생각의 가지들을 뻗쳐야 하는데요. 글을 적기 위한 1단계인 이 과정에서부터 막막함을 느끼는 아이들이 많습니다. 글감은 주어졌고 그 글감에서부터 잔가지가 많이 뻗어 나갈수록 쓸 수 있는 거리가 많아지는데요. 문제는 한 개의 가지도 뻗치지 못하는 아이들이 많다는 것입니다. 논술 수업이라는 이름으로 다양한 예시를 들어 주고 그와 관련한 사회 현상이나 여러 사람의 사례를 알려 주어도 딱딱하게 머릿속에 눌러 앉은 글감이라는 씨앗은 도무지 싹을 틔워 내지 못합니다.

글쓰기가 힘들다는 아이들의 대부분은 생각의 가지를 뻗치는 일에서부터 막막함을 느낍니다. 먼지처럼 아주 자그마한 경험이라도 그 글감에 붙이면 분명 큰 가지로 자라날 수 있는데요. 하지만 생각이 멈춘 아이에게는 먼지 같은 작은 생각도 글감에 내려앉지 못합니다.

우리가 어릴 적 적었던 일기 쓰기를 떠올려 봅시다. 매일매일 일어났던 일들을 무심히 적어 내려갔던 기억은 누구나 있을 텐데요. 날씨를 적고 무슨 일이 있었는지 곱씹으며 하기 싫은 일기 쓰기를 이어 나가곤 했습니다. 개인의 사생활 침해와 과도한 과제라는 이유로 점점 사라지고 있는 저학년 일기 쓰기 숙제는 사실 생각의 싹을 틔우는 가장 기초적인 쓰기 과정입니다. 그러나 일기 쓰기 활동은 학교에서조차 초등 1~2학년 정도에서 멈추는 경우가 많습니다.

그렇다면, 이는 초등학생들의 문제이기만 할까요? 중학교 1학년 1학기 국어과 과정을 살펴볼까요. 1단원에서부터 자신의 경험을 담은 글쓰기가 시작되는데요. 자신의 경험을 바탕으로 다른 사람에게 감동이나 즐거움을 주는 글을 쓰도록 하고 있습니다. 소설을 읽은 후에는 주인공과 비슷한 경험을 떠올려 감상문을 작성하기도 하는데요. 내가 나의 경험을 기억하지 못하면 글을 쓸 수 있는 가지가 뻗어 나가지 않겠죠? 사실 구체적인 나의 경험은 기억하지 않아도 됩니다. 그저 비슷한 나의 경험과 느낌이 글감에 얹어져 싹을 틔울 수만 있으면 됩니다.

학령기 아이들과 글쓰기 수업을 할 때 가장 답답한 순간이 있습니다.

주인공과 비슷한 감정을 느꼈던 때를 떠올려 글을 쓰도록 유도할 때 "저는 그런 적 없는데요."라며 싹조차 틔우지 않으려는 아이들이 있기 때문입니다. 국어과의 글쓰기는 자신의 진짜 경험이 중요하지는 않습니다. 글감에 싹을 틔우기 위한 가장 좋은 방법이 나의 경험과 연결 짓는 것이기 때문에 자신의 경험을 물어볼 뿐입니다. 그런데 아이들은 자기 경험을 도무지 떠올리려 하지 않습니다. 오히려 취학 전 아동들에게 똑같은 질문을 한다면 자신이 느꼈던 비슷한 감정들을 떠올려 너도나도 서로 이야기하려 할 것입니다. 취학 전 아동에게 독려되었던 자신의 생각과 감정을 이야기하는 활동이 학령기에 들어서면서 현저히 줄어든 까닭은, 이미 학령기 전에 이러한 활동이 완벽하게 완성되었다고 생각하는 착각 때문입니다.

읽기 활동은 쓰기와 직결됩니다. 읽기 활동이 완성되어야 쓰기도 힘을 받을 수 있습니다. 읽기 활동의 중요한 자질은 몰입인데요. 내가 읽은 책에서 나의 경험을 발견하고, 만약이라는 상상을 통해 주인공의 상황에 몰입하는 경험이 책의 매력에 빠지게 하는 힘이 될 수 있습니다. 아이들의 경험을 책과 연결할 때 아이들은 책에 좀 더 깊이 들어갈 수 있는데요. 이러한 힘이 아이들을 생각하게 만들고 그 생각은 글로 완성됩니다.

읽기의 중요성은 천만번 이야기해도 지나치지 않을 만큼 모두가 알고 있습니다. 읽기는 모든 교육의 초석이지요. 문제는 내 아이가 그렇게 중요한 읽기를 어떻게 하고 있는가 입니다. 제대로 된 읽기, 쓰기 교육에 대한 고민을 진작시키지 않는 한 문자로 이루어진 이 세상에서 그 문자를 자신을 성장시키는 무기로 활용할 수 있는 아이들은 급격히 줄어들 것입니다.

　그렇다면 우리 아이들은 어떻게 읽어야 할까요?
　이 책은 이러한 고민의 토대 위에 쓰여졌습니다. 어떤 글을 읽어야 하는가, 글은 어떻게 읽어야 하는가, 읽은 글의 내용을 어떻게 나의 생각으로 연결 짓고 어떻게 표현할 수 있는가. 이러한 물음의 해답을 찾기 위해서 먼저 읽기 방법에 집중하고자 합니다. 우리 아이가 이미 글자를 읽고 해독할 수 있는 능력을 갖추어졌다면, 이제는 우리 아이가 정말 글을 잘 읽고 있는지 어떠한 방법으로 읽고 있는지 들여다볼 필요가 있습니다. 잘 읽어야 생각이 여물고 생각이 여물어야 글쓰기로도 이어질 수 있으니까요.

I.
우리 아이들의 '읽기', 무엇이 문제일까요?

1.
초등학생, 읽기의 해답은 '음독'입니다!

- 초등 어휘 안녕하신가요?

"유관순은 애국심 하나로 일제의 폭압에 항거한 거예요."
"선생님, 항거가 뭐예요? 폭압이요?"
"항거는 맞서서 반항했다는 거고, 폭압은 폭력으로 억압했다는 거야."
"억압이요?"
"억압은 억지로 억누른다는 거야. 너희들 설마 애국심이라는 단어는 알겠지?"
"아니요~! 애국가는 알아요."

초등학교 3학년 논술 수업의 풍경입니다. 삼일절에 대한 설명을 하면서 아이들이 유일하게 떠올린 인물이 유관순이었고, 유관순과 3.1

운동에 대해 설명하기 위해 정말 많은 단어를 풀어내야 했죠. 충격적이었던 것은 아이들이 '애국심'이라는 단어를 모른다는 것이었습니다. 애국가는 알지만 애국심은 모른다는 아이들. 애국가가 나라를 사랑하는 마음으로 온 국민이 부르는 노래라는 것을 설명해 주고, 愛 사랑 애, 國 나라 국, 心 마음 심이라는 한자 뜻을 풀어 나라를 사랑하는 마음인 애국심에 대해 설명해 주었습니다.

이런 풍경은 매 수업마다 흔하게 일어납니다. 일주일에 한 번 있는 논술 수업 시간은 과제로 내 준 도서를 모두 읽어 와야 진행이 가능합니다. 초등 3학년 정도라면 충분히 이해할 수 있을 것이라는 전제하에 필독서들이 정해지는데요. 문제는 모르는 어휘가 있는 상태에서 책을 그냥 훑어 읽는 아이들이 많다는 것입니다.

아이들은 적어도 2학년까지는 받아쓰기 활동을 하며 맞춤법에 맞는 글자를 익히기 위해 여러 번 쓰고 반복하며 익힙니다. 때문에 어휘에 대한 감각이 살아 있습니다. 문제는 3, 4학년 때 발생합니다. 하루에 수십 개의 영어 단어를 암기하는 우리 아이들이지만 국어 단어에 대해 그 어떤 의문도 갖지 않고, 찾으려는 노력도 하지 않는 것이 현실입니다. 많은 아이들이 소리 나는 대로 글자를 쓰거나 모르는 어휘의 뜻에 대해 의문 없이 적어 내려갑니다. 국어의 모든 어휘를 읽고 쓰는 것이 가능해졌다고 착각하는 순간, 어휘 공부의 중심이 영어로 옮겨 가 아이들은 국어 어휘의 학습, 특히 한자어로 된 우리말 어휘 학습과 멀어지게 되는 것이지요.

> academic, 학구적인, ancient, 고대의
> argument, 논쟁, advanced 진보적인

어느 영어 학원의 초등 6학년 영어 단어 목록 중 일부입니다. 이 단어들의 한글 뜻을 물어보면 제대로 답하는 아이들이 몇이나 있을까요? 분명히 영어 단어 시험에서는 다 맞춘 단어인데, 실질적인 의미를 물어보면 제대로 답변하는 아이들이 거의 없습니다. 이렇게 되면 열심히 외운 저 단어들을 사용해 문장을 만들 경우 제대로 된 독해가 가능할까요? 혹은 저 단어를 이용해서 영어 문장을 완성이나 할 수 있을까요?

영어 단어 암기에 앞서 우리 아이의 국어 어휘 실력부터 점검해야 하는 것이 우선입니다. 국어 어휘에 대한 충분한 이해가 선행된다면 영어 단어 암기에 대한 부담도 훨씬 줄어듭니다. 영어뿐 아니라 사회, 과학, 수학까지 모든 과목의 기초가 되는 국어 읽기 능력은 반드시 점검해야 할 필수 사항입니다.

- 초등 중학년(3, 4학년) 읽기 유창성을 키워야 할 때

우리나라의 교육열은 타의 추종을 불허할 정도로 뜨겁습니다. 이미 학령기 이전에 상당수의 아이들이 한글을 떼고 입학합니다. 읽지 못하는 글씨가 없고, 교과서 1학년 수준의 문장 정도는 쓸 수 있는 수준에서 입학하는 아이들이 많습니다. 적어도 초등 2학년까지 저학년 아이

들에게 받아쓰기와 독서는 필수 능력으로 인식되는데요. 문제는 초등 3학년 때 영어 교과가 시작되면서 영어 교육에 대한 비중이 높아지고, 수학도 단순 연산에서 벗어나 점점 개념이 확대되다 보니 수학 교육에 대한 열의도 뜨거워진다는 것입니다. 그래서 이 시기가 되면 아이들은 두 배로 바빠집니다. 고학년이 되면 시간이 허락되지 않는다는 생각에 태권도와 발레, 미술과 음악 등 예체능 학원도 필수 과목이 되어 버리기 때문입니다.

자연스럽게 이 시기의 국어과 교육은 독서라는 반강제성을 띤 숙제로 표류하게 되죠. 사실 초등 고학년 시기의 원활한 교과 학습 활동을 위해서는 이 시기에 읽기 유창성이 완성되어야 합니다. 읽기 유창성[1]은 능숙한 독자가 되기 위한 가장 기초적인 능력인데요. 소리 내어 틀리지 않고 글자를 읽으면서 자동적으로 글자가 의미하는 바를 정확하게 이해하고 잘 표현해 내 읽는 능력을 말합니다. 통상 취학 전이나 초등 1학년 정도에는 읽기 유창성을 확인할 수 있는 독서가 이뤄지는데요. 그러나 어느 순간 읽기 유창성의 언어 지표가 영어로 이동합니다. 한글을 읽을 수 있게 되었다고 생각하는 순간 영어 읽기 유창성을 통해 아이의 언어 능력 성취도를 가늠하게 되는 것이죠.

초등 3학년은 교과 어휘가 폭발적으로 늘어나는 시기인데요. 초등 중학년에서 제대로 성숙하지 못한 읽기 유창성은 반드시 고학년 읽기

---

[1] 읽기 유창성에 대한 정의는 전문가들마다 의견이 상이합니다. 하지만 여기에서는 글을 단순히 틀리지 않고 음독하는 차원을 넘어서서 문장 단위로 글의 주요한 의미를 파악하며 읽는 것을 포함하는 의미로 정의 내리려 합니다.

에 영향을 미치게 됩니다. 논술 수업 현장에서 4, 5학년 아이들 가운데 소리 내어 읽기를 시켰을 때 틀린 글자가 많은 아이들은 실제로도 해당 단어에 대한 이해력이 떨어졌습니다. 그리고 분명히 소리 내어 읽었지만, 자신이 읽은 내용이 무슨 의미인지 이해 못하는 경우도 심각할 정도로 많습니다. 영어 발음과 단어 공부에 치우쳐 국어 어휘와 읽기 교육에 소홀한 것은 분명 큰 문제가 있습니다.

중학년(초등 3, 4학년) 아이들에게 필요한 어휘 공부 중 하나는 관용적 표현, 속담 등에 대한 공부입니다. 이들 어휘는 표면적 의미가 아닌 속뜻을 이해해야 하기 때문에 특별히 공부가 필요한데요. 중학년에서 제대로 학습이 이뤄지지 않으면 고학년 글 읽기에서 문제가 발생할 수 있습니다.

실제 초등 5학년 아이들과의 논술 수업에서 "우물가에서 숭늉 찾기"라는 속담이 나왔습니다. 일에는 질서와 차례가 있는 법인데 일의 순서도 모르고 성급하게 덤빈다는 의미를 가진 말이죠. 아이들이 우물을 본 적이 없기 때문에 우물이란 단어가 생소할 수 있겠다고 생각했지만, 오히려 아이들은 우물이라는 단어는 알아도 숭늉이란 단어를 모르고 있었습니다. 그도 그럴 것이 전기밥솥에 밥을 해 먹고 사는 요즘, 식사 때마다 누룽지나 숭늉을 만날 일이 없기 때문이죠. 아이들에게 숭늉이 만들어지기까지의 과정을 하나하나 알려 주고, 이 속담이 어떠한 의미를 갖는지 꼼꼼하게 설명해 줘야 했습니다.

읽기 유창성을 위해서는 어휘 공부가 꼭 필요합니다. 모르는 단어는 꼼꼼하게 뜻을 물어 찾아보고, 어떤 의미를 갖는지 내 생각으로 곱씹어 내 것으로 만들어야, 읽으면서 저절로 내용이 이해되는 과정을 경험할 수 있습니다.

- 우리 아이들의 국어 발음은 안녕한가요?

우리 아이들의 국어 발음은 안녕한가요?

> '빗은'
> '빚은'
> '빛은'

이 단어들은 각각 어떻게 읽어야 올바른 발음일까요? 빗은[비슨], 빚은[비즌], 빛은[비츤]으로 읽는 것이 맞습니다. 하지만 소리 내어 읽는 음독 활동에서 많은 아이들이 모든 단어를 [비슨]으로 읽고 있습니다. 그렇다면 '닭이'는 어떻게 발음해야 올바른 발음일까요? 70% 이상의 아이들이 [다기]로 대답합니다. 이상하죠? '밝아'라는 단어를 [발가]로 읽는 것은 당연하지만 '닭이'를 [달기]로 읽는 것은 어색해하니 말이죠. 아이들에게 '닭이'를 [달기]로 읽어야 한다고 말하면 의아해하는 아이들이 많습니다. 그런데 이 단어들은 중학교 2학년 2학기 시험 문제에 등장하는 단어들입니다.

우리나라 국어 교육에서 국어 문법 용어를 본격적으로 만나는 것은 중학교 때부터인데요. 문제는 상당수의 국어 문법이 국어 발음과 밀접한 관련이 있다는 것입니다. 한국어를 모국어로 24시간을 사용하고 있지만 정확한 발음에 대한 교육은 초등 1, 2학년 때 낱말의 소리와 표기 방법을 익힌 후 중학교에 가서야 문법이라는 이름으로 다시 만나게 되지요.

음독 활동이 멈춘 국어 교육 현장에서 국어의 발음에 대한 규칙은 중고등 국어 문법 공부를 포기하게 만드는 원인이기도 합니다. 자신이 익혀 온 발음이 옳다고 생각하여 문법적으로 발음하는 것을 도리어 낯설어 하고, 문법을 학습할 때는 심지어 자신이 익혀 쓰고 말해 온 맞춤법과 발음에 기대어 오답이 왕왕 발생하게 되지요. 중학교 문법 시간에 '닭이'를 [달기]로 읽어야 한다는 것을 새롭게 배우고 시험을 위해 암기하는 것이 국어 발음 교육의 현주소입니다. 우리가 초등 국어과 독서 활동에서 음독을 장려하고, 이를 통해 우리 아이의 읽기 유창성을 완벽하게 확인하는 작업은 분명히 필요해 보입니다.

- 소리 내어 읽기의 힘, 음독의 필요성!

논술 교육 현장에서 음독 활동은 선택 사항입니다. 필자가 수업 시간에 꼭 하는 활동이 음독인데요. 음독을 통해 아이의 어휘력과 문장 이해도 등을 어느 정도 파악해 볼 수 있기 때문입니다. 음독을 하면서 틀리는 부분의 단어는 아이가 모르는 단어일 확률이 높습니다. 생소하게 느껴지는 단어일수록 발음해 보지 않았을 가능성이 높고, 때문에 음독 활동 시 막히게 되지요.

일부 연구[2]에서는 읽기 유창성이 학령기 초기 독해력의 주요한 표지이며 읽기 유창성으로 독해력을 측정하는 것이 타당하다고 말합니다. 원활하게 소리 내어 읽는 능력이 선행될 때 제대로 된 독해를 위한 토대가 완성되는 것입니다. 물론 음독 활동이 잘되는 아이들이 모두 독해를 잘하는 것은 아닙니다. 독해 능력에는 읽기 유창성뿐 아니라 주제에 대한 사전 지식이나 어휘 지식 혹은 추론 능력과 같은 다양한 요소가 필요하기 때문입니다.[3]

하지만, 자연스럽게 감정을 잘 살려서 읽을 수 있는 능력은 독해 능력의 기초 상태를 가늠해 볼 수 있는 잣대라는 것은 분명합니다.

우리 아이들이 책을 제대로 이해하며 읽고 있는지, 모르는 단어는 없는지, 그리고 국어 발음은 안녕한지 살펴봐야 합니다. 영어의 R~ 발음을 점검하기보다는 국어의 ㄹ 발음은 괜찮은지, 먼저 소리 내어 읽는 음독 활동을 통해 우리 아이의 읽기 능력 기초를 점검해 봤으면 합니다.

---

2   이일화, 김동일, 「읽기 유창성과 독해력 수준과의 관계 = 초등학교 저학년 학생을 중심으로」, 한국교육심리학회, 2003.
3   폴라 J. 슈와넨플루겔, 낸시 플래너건 냅, 『독서심리학』, 사회평론 아카데미, 2021.

- 상위 인지 읽기 전략!

실질 문맹률 75% 시대.

우리나라 학생들의 기본 문맹률은 1% 정도밖에 안 되지만 글을 읽고 뜻을 이해하는 사람은 25%밖에 안 된다고 하죠. 실질 문맹률이 75%에 달한다는 뉴스를 본 적이 있으실 겁니다. 분명 책을 읽었는데 내용을 전혀 파악하지 못하는 아이와 어른. 어떤 책을 골라서 어떤 방식으로 읽어야 하는지 모르는 아이, 모르는 단어가 너무 많아서 책을 읽기 불편한 아이들을 우리 주변에서 흔히 볼 수 있습니다. 이러한 결과가 나올 수밖에 없는 이유는 초등 중고학년에서 정체 현상을 빚고 있는 국어 읽기 교육의 한계성 때문입니다.

국어 교육의 정체기인 초등 중고학년은 상위 인지 읽기 전략을 수행하기 위해 필요한 요건들을 갖춰야 하는 시기입니다. 상위 인지는 스스로 읽고 있는 내용을 얼마만큼 잘 이해하고 있는지 인지하는 능력을 말하는데요. 고학년의 글 읽기에는 자신의 읽기 능력과 성취 정도를 가늠하고, 이에 맞는 독서 방법을 선택해 적용하는 능력이 필요합니다. 정보를 전하는 도서라면 목차를 보고 필요한 정보를 발췌해서 얻거나 중요한 정보는 메모하며 읽는 전략이 필요하고요. 문학 도서는 등장인물 간의 관계를 파악하고, 갈등의 요인이 무엇인지 그리고 그로 인한 주인공의 변화되는 심리 상태를 세밀히 따라가야 합니다. 능숙한 독자는 자신의 읽기 과정을 이해하고 조절할 수 있어야 하는데요. 내가 이 글을 잘 이해하고 있는 것인지 점검하면서 읽는 기술이 필요한 것입니다.

상위 인지 읽기 전략의 수행을 위해서는 글을 읽는 훈련이 필요합니다. 어떤 내용이 중심 내용인지 잘 파악하기 위해서는 음독과 함께 끊어 읽기 연습을 통해 문단 내에서 더 중요한 문장은 무엇인지, 문장 내에서 더 중요한 부분은 무엇인지 제대로 파악하며 읽어야 합니다. 간혹 수학 문제 중 서술형 문제를 못 푼다는 아이들이 있는데요. 문장에서 요구하는 바가 무엇인지 제대로 파악하기 위해서는 끊어 읽기가 필수입니다. 문장 내의 절이나 구간의 관계를 파악해야 숫자를 더해야 하는지 빼야 하는지 판단이 가능한 것이죠. 꾸준한 끊어 읽기와 음독 연습은 분명 독해력 증진에 긍정적 영향을 줄 수 있습니다. 또한 이러한 활동을 통해 내가 과연 이 내용을 얼마만큼 이해하고 있는지, 어떤 내용은 잘 모르는지 상위 인지 능력이 발달할 수 있습니다.

- 한자를 알면 단어를 이해할 수 있다!

초등 3학년 이후부터 다양한 개념어들이 교과서에 등장하는데요. 비단 국어 과목만이 아니라 사회, 과학, 수학까지 전 과목에 걸쳐 사고 도구어를 활용해 특정 개념을 설명하고 있습니다. 예를 들어 다양한 기상 변화를 설명하기 위해 '기압, 풍향, 풍속' 등의 개념어를 공부한다면, 먼저 상위어인 '기상(氣象)'이라는 단어의 의미부터 파악해야 합니다. '기상'이라는 단어의 뜻은 '공기 중에서 일어나는 현상을 통틀어 이르는 말'인데요. 아이가 이 말의 뜻을 이해하기 위해서는 '현상'이라는 단어의 의미를 알아야 합니다. 단어의 개념을 파악하기 위한 기본 도구, 사고 도구어에 대한 이해가 없으면 어휘를 익히기 어려워지는 것이죠. 읽기 유창성이 완성된 아이들은 사고 도구어에 대한 이해도가 높습니다. 그리고 이를 활용한 더 높은 차원의 개념어들도 손쉽게 이해할 수 있습니다. 초등 중고학년 시기에는 반드시 '분석(分析), 구성(構成), 구조(構造), 분류(分類)' 등 기초적인 사고 도구어를 익힐 수 있도록 지도해야 합니다.

우리말의 상당수는 한자어로 이루어져 있습니다. 사고 도구어의 다수도 한자어로 이루어져 있습니다. 눈에 보이지 않는 추상적인 개념을 하나의 단어로 설명해야 하기 때문에 뜻글자인 한자로 이루어질 수밖에 없습니다. 그렇기에 한자를 이해하는 것은 분명 국어 어휘를 이해하는 데 큰 도움이 됩니다. '구성(構成)'이라는 단어는 構 얽어 짜내다 구, 成 이룰 성으로 이루어진 단어입니다. 몇 가지 부분이나 요소들을 모아 얽어서 일정한 전체를 이뤄 낸다는 의미입니다. 같은 글자인 構 얽어 짜내다의 의미의 '구'가 사용된 '구조'라는 단어도 자연스럽게 익힐 수 있습니다.

실제 5학년 때부터 한자 공부를 시작한 한 아이가 1년 만에 어휘가 급격하게 성장한 것을 확인할 수 있었는데요. 한글로 표기되었던 수많은 단어들이 사실은 한자로 이루어져 있고, 그 한자의 뜻을 아는 순간 마치 끝말잇기 게임처럼 수많은 단어들의 얼개가 보이기 시작한 거죠. 독서에 대한 흥미도도 올라가고 교과서에 대한 이해도 높아지는 것을 눈으로 확인할 수 있었습니다.

- 엄마는 평생의 어휘 선생님이자 논술 선생님입니다

초등 2학년 아이들과 그림책 『리디아의 정원』으로 논술 수업을 진행했습니다. 분명 책을 다 읽었다는 아이들에게 "리디아가 왜 외삼촌 집에 가게 된 거지?"라는 질문을 했는데요. 정확한 답을 하지 못하는 친구들이 많았습니다. 주인공 리디아는 아빠의 실직으로 가정 형편이 어려워져 외삼촌 댁에 가게 되는데요. 당연히 알고 있어야 할 중요한 내용인데 아이들이 왜 제대로 읽어 내지 못한 걸까요? 놀랍게도 아이들은 '형편'이라는 단어의 의미를 모르고 있었습니다. 그러니 가정 형편이 어렵다는 말을 전혀 이해하지 못한 것이죠.

초등 저학년의 독서는 엄마의 도움이 필요합니다. 그림책이라고 해서 모든 아이들이 쉽게 읽어 내는 것은 절대 아닙니다. 저학년의 책 읽기는 어휘력을 키우기 위한 중요한 과정인데요. 때문에 엄마가 아이와 함께 소리를 내서 책을 읽고, 엄마는 모르는 단어의 의미를 정확하게 짚어 주는 것이 좋습니다. 엄마가 한 장, 아이가 한 장, 번갈아 가면서 음독 활동을 하다 보면 우리 아이가 모르는 단어가 무엇인지 선명하게 보일 겁니다. 아이에게 해당 단어의 정확한 뜻을 이해시켜 주세요. 그리고 독서를 통해 새롭게 배운 단어를 엄마의 일상어에 녹여 내 아이가 활용할 수 있도록 끌어 줘야 합니다. 앞서 아이들이 이해하지 못했던 '형편'이라는 단어를 예로 들어 볼까요?

"엄마! 오늘 학교에 데리러 올 거지?"
"미안해, 오늘은 엄마가 그럴 형편이 못 돼."

이런 식으로 말입니다. 엄마의 어휘 주머니는 곧 아이의 어휘 주머니가 됩니다. 꽉 채워진 어휘 주머니를 원한다면 책을 통해 새로운 어휘를 만나고 일상어를 통해 아이의 언어로 자리매김할 수 있도록 도와주세요.

초등 고학년 아이들 중 유독 책 읽기를 좋아하는 친구들이 있습니다. 책 읽기가 잘되는 친구들의 공통점은 읽을 주제에 대한 흥미도가 높다는 것입니다. 물론 특정 주제에 대해서만 집중해서 편독하는 친구들도 있긴 합니다만, 편독 성향이 있는 친구들도 기본적으로 긴 줄글을 읽는 것을 힘들어하지 않기 때문에 어떤 주제의 책이든 읽는 행위 자체는 힘들어하지 않습니다.

책의 주제에 대한 흥미도를 높이는 가장 좋은 방법은 바로 엄마와 함께 책을 읽고, 책에 대한 느낌을 공유하는 것입니다. 초등 고학년 도서의 경우 사회 문제와 연결되어 비판적으로 읽어야 하는 도서들이 많습니다. 역사와 사회, 도덕 등 교과 내용들이 도서의 주제와 연결되는 경우가 많은데요. 이럴 때 도서의 내용과 우리 주변에서 찾아볼 수 있는 사회 현상을 연결하고 이에 대해 아이와 이야기를 나누게 되면 도서에 대한 흥미도는 자연스럽게 향상될 것입니다.

초등 고학년의 독서는 책이 품고 있는 주제 의식을 깊이 있게 탐색하는 과정이 중요한데요. 작가가 이 책을 통해 어떤 메시지를 전달하고 싶은지 주제를 파악하고 그러한 주제의 작품을 쓰게 된 배경까지 탐색해야 합니다. 박완서의 『자전거 도둑』이나 『옥상의 민들레꽃』 같은 작품은 도시화와 그에 따른 인간성 상실이라는 주제를 담고 있는데요. 도서가 가지고 있는 표면적 의미보다 그 속에 품고 있는 주제를 깊이 있게 이해했을 때 제대로 된 독서가 이뤄질 수 있습니다. 엄마와 함께 이에 대한 이야기를 나눈다면 해당 도서에 대한 관심도 더욱 높아지겠죠?

남북한 통일 문제와 과학 기술의 발전이 인간에게 어떠한 영향을 줄 것인지, 독재자에 대항해 어떠한 자세를 갖춰야 하는지 등 고학년의 독서에는 다양한 사회 문제가 담겨 있습니다. 책을 읽고 난 후 엄마와 함께 이러한 문제에 대해 잠깐이라도 이야기를 나눈다면 분명 의미 있는 독서로 기억에 남게 될 것입니다. 독서에 대한 엄마의 관심은 저학년에만 머물러서는 안 됩니다. 아이가 책을 제대로 읽었는지 "다 읽었니?"라는 한 마디로 끝내서는 안 됩니다. 함께 읽고 그 주제에 대해 이야기 나눌 때 아이의 독서력은 힘을 받을 수 있습니다.

읽기 능력은 평생에 걸쳐 이루어져야 하는 과제입니다. 제대로 된 읽기 능력이 발현되기 위해서는 수십 년의 훈련이 이뤄져야 한다고 생각합니다. 글을 읽고 이해하고, 그렇게 이해한 내용을 바탕으로 자신의 경험이나 지식에 기반해 생각을 세우고, 이를 글로 표현하기까지는 상당한 시간과 노력이 필요합니다.

글을 읽을 수 있게 되었다고 해서 세상의 모든 책을 다 읽고 이해할 수 있는 것은 아닙니다. 독서 교육이라는 이름으로 무턱대고 책 읽기만을 강요하기보다는 먼저 우리 아이의 읽기 유창성부터 확인하고, 국어 어휘는 괜찮은지 가늠해 보는 시간이 필요합니다. 이후에 우리 아이가 어떤 식으로 책을 읽고 있는지 파악하고, 책을 어떻게 읽어야 제대로 이해할 수 있는지 그 방법론을 함께 고민해 주어야 합니다. 엄마는 아이 스스로 자신의 독서 능력을 파악하고, 좀 더 능숙한 독자가 되기 위한 방법을 고민하도록 도와주어야 합니다.

2.
중·고생, 읽기의 해답은 '교과서'입니다!

- 시간이 부족해서 책을 못 읽는다고요?

　중학생들은 책을 얼마나 읽을까요? 고등학생들은 학습 시간이 제한되어 시간이 부족해 책을 읽지 못하는 걸까요? 많은 학생들이 중학교 때 독서가 줄어드는 것을 경험합니다. 이것은 이미 초등학교 고학년부터 시작된 현상이기도 하지요. 그나마 학교에서 독서 활동을 권장하고 있기에 독서 활동을 꾸준히 하는 일부 아이들은 독서 활동이 조금 더 지속적이긴 합니다. 그러나 이 또한 그 기간이 길지 않다는 것, 학교에서 정한 시간과 도서로 제한된다는 한계가 있습니다. 여기서 우리는 한 가지 의문이 듭니다. 왜 유년기에 도서관에서 수십 권의 그림책을 대여해 읽어 온 아이들이 중고생이 되어서는 스스로 책을 손에 들기가 어려운 걸까요.

문화체육관광부가 발표한 '2021년 국민 독서실태' 조사에 따르면 최근 1년(2020년 9월~2021년 8월)간 종이책과 전자책·소리책(오디오북)을 합한 성인의 평균 종합 독서량은 4.5권으로 2019년 조사 때보다 3권 줄었다는 결과가 나왔습니다. 지난 1년간 일반 도서를 1권 이상 읽거나 들은 사람의 비율인 연간 종합 독서율도 47.5%로 8.2% 감소하였고 특히 초·중·고교 학생은 교과서·참고서를 제외한 연간 종합 독서량이 34.4권으로, 2019년보다 독서량은 6.6권, 독서율은 0.7% 감소했습니다.

위 결과를 보다시피 미디어의 영향으로 성인이든 청소년이든 독서가 현저히 감소한 것은 어제오늘의 이야기는 아닙니다. 이미 여러 해 전부터 청소년들의 독서는 감소하여 문맹률이 세계적으로 낮은 나라에서 문해율은 비교적 높지 않은 것으로 보고되기도 했지요. 독서의 문제는 비단 책을 읽지 않는 문제에서 그치는 것은 아닙니다. 아이들의 읽기는 학습량이 많아지면서 교과서와 학업 교과와 관련되지 않으면 주도적으로 행해지기 어렵습니다. 물론 독서 자체를 즐기지 않는 아이들의 문제일 수도 있지만 현재 시행하는 교육 과정에 따라가기 위해서는 어쩔 수 없다고 생각하고 부모들은 책 읽기를 권하지 않는 일이 되었지요. 그러나 문제는 결국 아이들에게 읽기가 즐기는 것이 아니라 학습이 되어 버린다는 것입니다. 이런 환경은 당연히 읽기 습관을 멀리하게 하는 근원이 되고 주도적 독서는 성인이 되기까지 정체되고 맙니다.

유년기에 풍성한 독서량을 자랑하던 아이들이 고학년이 되고 중고생이 되면서 기억에 남는 문학 작품 하나 없는 현실이 되어 버린 것은 독서를 공부의 연장으로 인식하게 하는 풍토에 있다고 보아야 할 것입니다. '독서=공부'라는 등식을 만들어 낸 아이들의 독서 환경은 독서가 자신의 정신을 살찌우고 내면을 풍요롭게 하는 기능을 하지 못합니다. 내 아이의 독서는 어느새 또 하나의 과목이니까요.

- 교과서 읽지 않는 아이들, 교과서 못 읽는 아이들

 읽기가 학습이 된 우리 아이들의 현주소는 어떨까요. 의외로 아이들은 교과서의 내용을 이해하는 것부터 어려움을 호소합니다. 교과서 대부분은 설명문입니다. 그러나 문제는 학습서와 문제집, 학원 교재 등으로 학습을 하는 경우가 빈번합니다. 시험 기간이 아니고서는 교과서를 가까이하지 않습니다.

 아이들은 왜 교과서를 멀리하는 걸까요. 교과서는 쉬울 거라는 생각, 교과서는 지겹고 더 특별한 지식이 있을 것이라 생각하는 편견은 의외로 아이들에게 교과서를 멀리하게 만듭니다. 학교 시험을 대비하기 위해 교과서 읽기를 선호하기보다 더 특별한 정보가 있을 것이라고 생각하는 참고서를 찾아 헤매는 것이지요. 하지만 교과서는 사실 가장 좋은 지식 정보 도서입니다. 검증된 필진에 의해 오랜 시간 만든 교과서는 그 어떤 지식 정보 도서보다 집약적이고 알차다고 볼 수 있습니다.

 교육부에서 발표한 교육 과정을 파악한 각종 출판사에서는 교육 과정에 맞춰 어떤 내용을 어떻게 교과서에 실을지 결정하고 교육 현장의 교사, 학부모, 학생의 요구를 반영하여 교과서 집필을 기획합니다. 즉 그 어떤 도서보다 학생들의 지적 수준을 고려하여 제작된 도서라는 말이 되지요. 그러나 교과서는 학년이 올라갈수록 외면받습니다. 심지어 학기를 마친 아이들의 도서가 새 책 그대로인 경우도 빈번합니다. 교과서를 읽지 않는 것, 교과서를 멀리하는 것부터가 중고생의 읽기에 문제가 발생했다고 볼 수 있습니다. 아이들이 초등 과정부터 고등 과정까지 차곡차곡 교과서를 제대로 읽어 왔다면, 독서량이 적더라도 기본적인 지식은 쌓을 수 있습니다. 당연하고 쉽게 접할 수 있는 책이 바로 옆에 있음에도 읽기 교육을 위해 다른 도서를 구입하는 모순적인 행동은 한 번쯤 생각해 봐야 하지 않을까요.

- 당신의 독서 연령은 몇 살입니까

영어 학원을 처음 이용하려고 아이와 함께 방문을 하면 '레벨 테스트'라는 것을 권합니다. 아이의 영어 읽기 말하기 듣기 등의 척도를 확인하는 작업이라 말할 수 있지요. 그리고 그 수준에 맞는 강의를 듣고 도서를 추천받게 됩니다. 영어 도서를 선택하는데, 읽기 연령을 고려한다는 말이지요. 그렇다면 국문 도서 또한 제대로 수준을 파악하고 도서를 접하는 것일까요? '모국어'라는 이유로 국문 도서를 당연하게 읽어 왔다고 생각한 부모들은 쉽게 서점에 비치된 권장 도서를 선택해 아이들에게 권합니다. 그나마 이런 현상은 초등학생에게서나 가능하지요. 중고생의 자녀를 둔 부모들은 도서를 권하는 일은 드문 편입니다. 학업이라는 과제가 눈앞에 놓여 있는 만큼 도서를 권하는 것은 더욱 어려운 일입니다. 그러나 이러한 문제는 아이의 독서 연령, 읽기 수준을 제대로 진단하지 못했다는 말이 되기도 합니다. 읽는 작업은 다각도의 사고 훈련입니다. 단순하게 활자를 읽기만 한다고 그 의미를 파악하는 것은 아니지요.

읽기 능력 발달의 연구자인 Chall는 읽기 능력을 총 6단계로 나눠 설명합니다. '읽기 준비, 초기 해독, 해독 유창, 새로운 학습을 위한 읽기, 다양한 읽기 관점 수렴, 의미 구성과 재구성'입니다. 우리나라 연구자인 천경록[4]은 Chall의 읽기 단계를 우리나라 7차 교육 과정에 근거해 재설정했는데, 그에 따르면 '읽기 맹아기, 읽기 입문기, 기초 기능기, 기초 독해기, 고급 독해, 읽기 전략기, 독립 읽기기' 7단계로 구분합니다. 천경록 연구자는 읽기 맹아기에서 쌓인 배경지식은 기억되어 읽기 입문기에 활용되고 이것은 학습으로 이어진다고 하였습니다. 마찬가지로 기초 기능기에서도 읽기 입문기에 누적된 지식이 활용되고 이러한 단계를 순차적으로 거쳐 읽기가 확립된다고 본 것입니다. 연구의 결과를 보았듯이 읽기는 축적되어 나타나는 결과물입니다. 이 말은 한순간에 읽기가 이뤄지는 것도 아니고 어휘가 갑자기 향상되는 것도 아니라는 것이지요. 하지만 슬프게도 흔히 입시를 앞두고 국어 성적이 나오지 않을 때 부모들은 그제야 독해도 어휘도 늘릴 방법을 고민합니다.

---

4 천경록(1999), 「읽기의 개념과 읽기 능력의 발달 단계」, 『청어람어문교육』 제21권 제1호, 청어람어문교육학회, 273쪽.

독서가 누적되어 가능해진다는 말은, 결과적으로 아이들의 삶 속에 읽기가 축적되어야 한다는 것과 같은 맥락입니다. 그러려면 읽기도 영어 도서의 연령을 찾는 것처럼 순차적으로 제 연령을 찾아야 그다음으로 나아갈 수 있습니다. 자신의 연령을 찾게 하는 것부터가 읽기 시작이고, 국어 학습은 물론 모든 학습의 기본입니다. 아이들이 자신의 읽기 나이를 찾도록 도움을 주는 것부터 시작해야 합니다.

독서 연령을 찾기 위해 가장 쉽게 쓸 수 있는 방법이 교과서입니다. 고1이라고 하더라도 중2의 과학 교과서, 사회 교과서를 쉽게 다 읽을 수 없을 수도 있습니다. 국어, 사회, 과학 과목 교과서를 제 학년의 것이 읽기 어렵다면 한 학년씩 낮춰서 읽도록 권장해 보세요. 스스로 학년에서 낮춰진다고 혹시 아이가 실망하거나 연령 찾기를 그만둔다면, 자신의 읽기 위치를 파악하기 위한 과정이라는 설명과 함께 독서 연령을 올리기 위해 이 시간이 필요하다는 것, 그리고 자신의 읽기 수준을 금세 올릴 수 있다는 희망도 주어야 합니다. 자신의 부족함을 채우는 과정은 자신을 알아 가는 것부터가 시작이니까요. 길을 잃어 지금 놓여 있는 자리가 어디인지 모를 때 지도를 펴 두고 자신의 위치를 안다면, 그리고 어디로 가야 할지 생각한 후 다시 길을 떠난다면 막연하고 힘든 길만은 아닙니다. 연령 찾기에 부모님의 동참이 필요합니다.

- 소리 내어 읽기, 암송하며 읽기

과거 19세기 말부터 20세기 초까지는 교육자가 질문을 던지면 그에 반응하거나 암기, 암송하는 것이 교육의 주요한 활동이었습니다. 우리나라도 김홍도의 「서당」의 그림처럼 암송을 하지 못하면 훈장님께 야단을 맞거나 재시험을 봐야만 했지요. 암송은 과거 책이 많지 않았던 시대에는 효율적인 교육 방법이었습니다. 당시에 책은 주로 유교 경전이었기에 그 의미를 암송하여 자연스럽게 몸에 익히도록 한 것이 교육의 목적이었으니까요.

암송의 교육 방법으로 지금 시대에 모든 읽기를 한다는 것은 적합하지 않아 보이지요. 정보화 시대인 만큼 읽어야 할 도서는 산더미보다도 많고, 공부해야 할 분야도 폭발적으로 늘어났는데, 암송이라니. 게다가 아이들이 갈수록 넘치는 정보를 모두 암기한다는 것은 불가능한 것은 사실입니다. 그러나 이럴 때일수록 필요하다면 음독과 암송이 필요합니다. 물론 이 순간 먼저 선행되어야 할 것은 읽을 것을 취사선택하는 것입니다. 필요에 따라 선택한 도서는, 도서 전체는 아니더라도 이해가 어려운 부분이나 집중이 잘되지 않아 읽어도 독해가 어려운 경우 음독을 하는 것도 권장합니다. 때에 따라서는 리듬을 담아 암송을 하는 것도 흥미로운 독서법이 될 수 있습니다. 물론 암송의 효능을 발휘하는 읽기는 '시'입니다. 시를 읽을 때 암송을 하게 되면, 학생들은 자연스럽게 자신이 읽는 시에 리듬을 느끼며 즐기는 매력도 경험할 수 있습니다.

소리 내어 읽는 음독과 암송은 주체적인 읽기 방법입니다. 눈으로 활자를 보고 입으로 내어 놓고 다시 귀로 회귀하는 과정은 온전히 읽기에 집중하게 합니다. 일반적으로 아이들이 독해를 하는 과정에서 가장 문제가 되는 것은 집중입니다. 눈은 글자를 보고 있지만 머리로는 전혀 활자에 담긴 생각을 따라가지 않고 있고 눈과 생각이 따로 떨어져 책을 그저 보고만 있었던 경험은 아이들 스스로 책 읽기를 자신이 좋아하지 않는다고 단정하게 되는 첫 번째 이유가 되어 버립니다. 온전히 몰입하지 못하는 아이들의 읽기는 눈과 머리를 분산시켜 결국 책을 잡고는 있지만 주제는 물론, 단순한 내용 파악조차 하기 어려운 상황이 됩니다.

이러한 단절을 끊어 내기 위한 해결책으로 음독, 암송입니다. 흔히 외국어를 배울 때도 음독은 주로 사용하지요. 읽기를 통해 말하는 것을 연결할 수 있고 듣기 또한 자연스럽게 이어져 언어를 효율적으로 학습할 수 있는 방법이기 때문이지요. 이미 저학년에서 음독은 이해력과 유창성을 향상시킬 수 있는 방법이라는 것은 여러 연구를 통해 확인되었고, 앞서 초등 과정의 읽기에서도 음독의 중요성을 강조하였지요. 그러나 이는 비단 초등학교 학생들에게만 해당하는 결과는 아닙니다.

고급 학습자를 대상으로 음독과 묵독의 읽기를 실험한 왕억문·원미진[5]의 연구에서도 고급 학습자들 또한 어려운 글을 읽을 때 음독이 묵독보다 언어 정보 이해에 도움을 주고 언어 정보를 기억하는 것에도 도움이 된다고 밝혀내었습니다. 음독, 즉 소리 내기는 시각과 청각 동시에 사용하여 시각만을 사용해 읽는 방법에 비해 이해를 높이고 기억력

---

5 왕억문·원미진(2017), 「읽기 방법이 한국어 고급 학습자의 이해와 산출에 미치는 영향」, 『국제어문』 제72집, 국제어문학회, 218쪽.

향상에도 효과적이라는 것을 반증합니다.

  또한 암송 또한 시 읽기 등 문학을 이해하는 데 효과적이라는 것도 이미 여러 학자들을 통해 연구되었습니다. 특히 고등학생의 경우 문학이라는 과목은 필수적으로 학습하게 되는 영역의 과목입니다. 그런데 정작 많은 학생들은 시를 만나는 순간부터 불편함을 호소합니다. 생활 어휘와 설명문 읽기에 익숙한 탓에 함축적이라 쉽게 읽히지 않는 시를 학생들을 단번에 이해하지 못하고 '어렵다'는 말로 일관하지요. 이때 암송을 이용하는 것입니다. 음독을 통해 소리 내어 읽어 보고 독해가 어려운 것은 부분적으로 암송을 시도한다면 시의 의미를 오래 곱씹는 활동이 되어 그 의미가 조금씩 와 닿는 경험을 하지 않을까요. 그러나 이러한 제안을 실천에 옮기는 것은 그리 쉬운 일은 아닙니다. 좋아하는 음악을 여러 번 듣는 것은 가능해도 시 읽기를 암송으로 이어 갈 만큼 성의를 다할 만큼 애쓸 친구는 그다지 많지 않을 수도 있습니다. 하지만 간절히 독해의 향상을 희망한다면, 시도해 보는 노력은 분명 의미가 있지 않을까요?

- 스스로 읽는 읽기, 스스로 읽는 태도가 필요합니다

  요약하고 자신의 것으로 만드는 것. 이것은 어쩌면 독서의 완성이라 할 수 있지요. 결과적으로 읽는 주체자인 독자가 도서의 의미를 스스로 판단하고 자신의 생각으로 재구성해야 현대 교육 목적에 부합하는 제대로 된 독서가 되었다 할 수 있는 것이니까요. 그러나 주체적인 읽기는 그리 쉽게 완성되는 것이 아닙니다. 주체적 읽기가 가능하려면 나이를 떠나 읽기의 단계를 밟는 순차적인 읽기 학습을 선행해야 하고, 주체자가 스스로 읽어야 합니다. 이 말만 들으면 '스스로 읽는 건 당연한 것 아니야?'라고 고개를 갸우뚱하는 분들이 분명 있으실 겁니다.

현재 아이들의 읽기는 학습과 뗄 수 없고 특히 중고생의 경우 입시가 읽기 교육에 큰 비중을 차지합니다. 현실에서 읽기 교육은, 대부분 교사가 글의 의미를 풀어서 설명하는 방식입니다. 교사는 학생들에게 교과서의 글을 읽으며 교사가 이해한 내용을 학생들에게 이해시키기 위해 설명을 덧붙이는 방식을 택하지요. 그러면 학생들은 교사가 설명한 내용을 교과서에 빼곡하게 받아 적으며 그 의미를 기억하려 애씁니다. 스스로 읽는 것이 아니라 교사의 읽기를 동의하든 동의하지 않든 정답처럼 따라가는 일방적인 읽기 교육이 행해지고 있는 것이지요. 결국 읽기는 교사 주도로 이루어져 학생 스스로 텍스트를 읽어 내고 헤아리는 힘이 부족하게 됩니다. 이는 대입을 앞두고 아이들이 유명 강의를 쫓아다니며 강사의 지문 해설을 듣고 이해하는 모습에서도, 책에 대한 해설을 하는 방송 프로그램을 시청하고 책을 이해하는 모습에서도 쉽게 찾을 수 있습니다. 스스로 읽지 않고 있다는 것이지요.

심지어 얼마 전 수민이가 저에게 찾아와 책을 스스로 읽으면 전혀 집중이 되지 않는다고 호소를 한 적이 있었습니다. 그동안 국어 효과를 높일 수 있는 방법을 대치동 학원을 찾아다니며 줄곧 시간을 보내지만 막상 다시 지문을 보고 책을 펴면 글자들이 머릿속에서 휘발되어 버리는 것 같다고 합니다. 수민이의 학습에는 대체 어떤 문제가 있기 때문일까요.

해답은 간단합니다. 스스로 읽는 연습을 하지 않은 것. 이 학생은 대치동 학원을 다니며 그동안 '학(學)'을 끊임없이 해 왔습니다. 하지만 스스로 익히는 '습(習)'은 행하지 않았던 것이지요. 스스로 이해하려는 노력의 시작은 스스로 읽는 것입니다. 어려운 지문과 문학 작품을 대면했을 때 누군가 해결해 주는 것을 당연하게 생각하지 말고 스스로 읽어 보려는 시간을 늘려야 합니다. 물론 이는 궁극적으로 주도적 학습과 연결되는 것이지요.

많은 연구자들은 학습자와 교사 간의 상호적 대화가 중요하다는 것을 다 알고 있습니다. 교사 또한 이러한 읽기 교육이 되어야 한다는 필요성을 모르지는 않습니다. 아이들의 수동적인 읽기 태도와 읽기에 흥미를 갖지 않는 학생들 또한 참여시켜 스스로 주도적인 읽기를 유도하는 것은 교실 내에서 결코 쉬운 일이 아닙니다. 결국 차곡차곡 쌓아지는 스스로 읽기가 부재한 채 학년이 올라가고 시간이 지나 학습 결과에 있어 문제가 있다고 판단되었을 때 그제야 학생과 부모는 읽기의 문제를 인식합니다. 그러나 이때는 이미 읽기 교육을 다시 시작할 엄두가 나지 않게 되는 것이지요. 읽기에 부담은 점차 국어 자체를 어려워하고 싫어하기까지 합니다. 더 나아가 모든 학습에 흥미를 잃게 되는 현상이 나타나지요. 이런 와중에 어느덧 성장한 아이들은 대입인 수능을 대비해야 하는 상황을 만나게 되고, 긴 지문을 읽고 파악해야 하는 국어 영역에 공포감을 느낄 수밖에 없습니다.

한편, 교사들이 지문을 해석할 때 주로 배경지식 설명과 곁들여 지문 해설을 하게 됩니다. 이것은 아이들이 스스로 읽기를 하는 것과 차이가 있다는 말이 됩니다. 아이들은 교사만큼의 배경지식을 가지고 있지 않습니다. 때문에 읽기를 익힌다기보다 지식을 얻는 것에 초점이 맞춰지게 되지요. 또 문제를 풀기 위해 글을 읽는 경우, 문제에서 요구하는 답을 찾는 읽기가 중심이 됩니다. 그러다 보니 글의 전체 내용과 흐름을 파악하지 않고 답을 찾기 위한 읽기만을 연습하는 경우도 종종 발생하게 됩니다. 실질적으로 글을 이해하는 것과는 별개로 답을 찾고, 글에 대한 내용은 내적으로 채워지지 않은 상태가 되는 것입니다. 이러한 악순환의 가장 큰 폐해는 독해 자체를 실패한 학생들이 점차 읽기 학습에 대한 부담을 느끼게 되어 성인이 되어서도 읽기를 시도하지 않고 읽기를 멀리하게 돼 버린다는 점입니다. 스스로 개선할 방도를 찾지 못했던 학생들이 한계를 느끼고 문해력이 키워지지 않은 채 성장하게 되어, 성인이 되더라도 초등 고학년 혹은 중등 읽기 이상으로 나아가지 못하는 안타까운 상황이 연출되는 것이지요.

학교 현장에서 읽기 교육을 100% 완전하게 하기란 쉽지 않습니다. 읽기 교육은 개인의 특성에 맞게 진행되어야 하는 특수성 때문에 다수의 학생들이 들어차 있는 교실에서 읽기 교육이 완전하게 이루어지는 것은 무리가 있습니다. 그렇다하더라도 열정 있는 학교 교사와 부모는 이미 읽기 방법을 제시하여 학생들이 스스로 읽는 것에 부담을 느끼지 않도록 독서 지도가 행해지고 있을 것입니다.

지난 2021년 한국 성인 문해율 조사(교육부·국가평생교육진흥원의 조사 결과)에 따르면, 성인 79.8%인 200만 명이 일상생활에 필요한 기본적인 읽기, 쓰기, 셈하기를 제대로 하지 못한다는 결과를 내놓은 것을 보면 읽기 교육에 대한 제대로 된 방향 제시가 절대적으로 필요한 것은 이제 자명한 일이 되었습니다. 문제는 초등을 거쳐 중고등학교 이후 성인의 문해력 문제로 이어지고 삶의 많은 부분을 불편하게 만들 수 있습니다. 때문에 읽기 교육에 앞서 중요한 것은 '읽기 방법에 대한 안내'일 것입니다. '책을 어떻게 읽어야 하는가'에 대한 고민을 시작하는 것부터 비문해의 길로 탈출하는 길이 될 수 있기 때문입니다.

- 책을 읽기 전, 가장 먼저 할 일은?

초등학교를 거쳐 중고생이 된 학생들이 '책을 어떻게 읽어야 하는가'에 대해 질문의 답을 한다면, '책의 갈래부터 확인하자'입니다. 도서는 크게 문학과 문학이 아닌 문학 외적 글, 정보를 주거나 주장을 언급하기 위해 쓰인 것으로 구분할 수가 있습니다. 그리고 문학은 다시 운문과 산문, 산문은 다시 소설과 에세이라 불리는 수필 종류의 다양한 형태로 분류됩니다. 문학이 아닌 글 또한 어떤 내용을 전달하느냐에 따라 과학, 인문, 철학, 사회, 경제, 기술 등 분야에 따라 글을 구분할 수 있습니다.

제대로 읽기 위해서는 내가 읽는 글이 어느 장르인지, 그 위치를 아는 것이 중요합니다. 때에 따라 딱 맞아떨어지지 않는 분류도 있을 수 있습니다. 설명글이면서 에세이기도 하고, 에세이 형식을 띠고 있지만 소설로 볼 수 있는 책들도 간혹 있지요. 글을 잘 읽는다는 것은 우선 내가 읽고자 하는 글이 어디에 자리 잡고 있는지 파악하는 것입니다. 마치 큰 지도를 펴 놓고 그 위치를 파악해 앞으로 이곳을 가기 위한 준비를 하는 것과 같은 것이지요. 읽고자 하는 글이 어느 장르인지 알고 장르의 특성에 따라 차근차근 따라가다 보면, 무엇을 중요하게 읽고 어떤 방법으로 읽어야 하는지, 중요하게 파악해야 하는 것은 무엇인지 알게 될 것입니다. 이제 읽기를 어려워하는 학생들과 함께 읽기 모험을 떠나 보려 합니다. 자신감을 갖고 한 발짝 한 발짝 함께 나아가다 보면 어느덧 스스로 읽을 용기가 장착된 나를 발견하게 될 것입니다.

『논어』의 첫 문장에는 '배우고 때로는 익히면 또한 기쁘지 아니한가'라고 적혀 있습니다. 여기서 '학'이란 지식으로 아는 것이고, '습'이란 머리로 배운 것을 몸으로 익혀 체득한 것을 말하지요. '학'이 배움의 단계에서 기초라면 이보다 훨씬 높은 배움의 단계가 바로 '습'이라는 말입니다. 자신이 읽을 책의 위치를 파악한 독자들은 이제 스스로 자신의 언어로 받아들여 책을 '학'을 넘어 '습'으로 익힐 때입니다. 자신의 몸과 언어로 녹여 내어 자기화를 하는 것이 필요한 때이지요.

1. 초등학생이라면, 인물 이야기와 옛이야기로 흥미를 일깨워 주세요!

- 무엇을 읽혀야 할까?

어휘의 중요성도 알겠고, 독서의 중요성도 잘 알겠는데… 그럼 대체 우리 아이에게 어떤 책을 읽혀야 할까요? 어머님들이 논술 학원에 오시면 가장 많이 하는 질문은 '우리 아이에게 무엇을 읽혀야 하는가'입니다. 책을 전혀 읽지 않는 아이, 학습 만화만을 읽는 아이, 이야기 글만 읽는 아이, 역사 이야기에만 치중해 책을 읽는 아이 등등 아이들마다 책을 대하는 자세가 천차만별이기에 아이를 만나 보지 않은 상태에서 어떤 책을 읽으라고 선뜻 권하기는 쉽지 않습니다. 다만 책을 아예 접하지 않는 아이보다는 편독이라도 종이로 된 책을 만지고 읽는 아이들이 훨씬 낫다는 말씀부터 드리고 싶습니다.

디지털 시대에 맞춰 오디오북이나 e-book 형태의 읽기를 위한 다양한 매체가 나오고 있는 것이 현실인데요. 개인적으로 아이들만큼은 종이책이 주는 질감과 책장을 한 장 한 장 넘기면서 책이 주는 물성에 집중할 수 있도록 하는 것이 더 좋다고 생각합니다. 그래서 자신이 좋아하는 분야에 편중되더라도 종이책을 잡고 한 장 한 장 넘기며 책을 읽는 아이에게는 비록 자신의 관심 분야가 아니더라도 다른 책들을 추천해 주기가 좀 더 수월합니다.

독서 환경은 아이의 독서력에 많은 영향을 미치는 것이 확실합니다. 다양한 분야의 종이책이 집 안 곳곳에서 아이의 손길을 기다리고 있고, 아이가 종이책을 넘기는 즐거움을 안다면 책과 함께할 수 있는 물리적 환경은 갖춰진 셈입니다.

그럼 이제 어떤 책이 아이에게 도움이 될 수 있을지 고민해 봐야겠지요. 초등학교 저학년의 경우 아이가 관심을 가질 수 있는 책이라면 어떤 책이든 관계없다고 생각합니다. 책을 가까이 접할 수 있는 기회가 된다면 초등 과정에서 도서의 선택은 어느 정도의 글밥을 갖고 있고, 어떤 주제이고 하는 요소들은 아이의 독서력을 좌우하는 중요한 요소가 된다고 생각하지 않습니다. 다만 자주 접하고 책과 친해질 수 있는 기회를 만드는 것이 필요합니다.

- 그림책 빈틈의 공간 속으로

그림책은 글을 읽고 쓸 수 있는 아이들에게는 어울리지 않는 책이라는 생각을 갖는 분들이 있습니다. 하지만 그림책은 무한한 상상을 선사해 주는 책입니다. 그림책은 말 그대로 그림을 보는 책이고, 글과 그림의 조화를 누리는 책인데요. 짧은 페이지 안에 전체 서사를 녹여 내야 하기에 그림책의 그림은 많은 서사를 품고 있습니다. 때문에 아이와 함께 그림책을 읽을 때에는 글의 서사와 함께 그림의 서사에도 신경을 써야 합니다. 엄마가 읽어 주는 글의 내용에 따라 그림의 서사를 관찰하도록 하거나 하나의 페이지에서 다음 페이지로 넘어갈 때 그 사이에 존재하는 빈틈의 공간을 상상하도록 이끌어야 합니다.

그림책은 긴 호흡의 서사에서 몇 개의 장면만을 선별해 그림책의 페이지 위에 펼치는 것이기에 작가가 선택한 장면의 의미가 무엇인지, 작가가 선택하지 않고 독자의 상상에 맡긴 장면은 무엇인지 쫓아가며 읽을 때 깊이 있는 독서가 될 수 있습니다. 그림에서 파생되는 다양한 갈래의 해석도 아이와 생각을 나눌 수 있는 소중한 소재가 될 수 있습니다. 저학년 아이들과 긴 호흡의 책을 함께 읽는 것이 벅차다면 그림책을 활용해 다양한 이야깃거리를 만들고 아이와 책을 소재로 대화의 시간을 만들어 보면 좋겠습니다. 저학년 아이들에게 최고의 논술 선생님은 엄마이니까요.

- 교과 과정을 따라가 보아요

초등 중학년부터는 추천 도서가 학교 교과 과정과 맞물리는 것이 좋다고 생각합니다. 사실 추천 도서는 상당히 주관적이기 때문에 어느 출판사 혹은 어느 회사에서 나오는 리스트들이 절대적인 기준이 되지는 않습니다. 제가 추천하고 싶은 도서는 '인물' 동화입니다.

초등 고학년부터는 한국사가 본격화되는데요. 한국사를 본격적으로 공부하기에 앞서 인물을 다루고 있는 도서를 접할 수 있도록 해 주시면 좋을 것 같습니다. 한국사나 세계사에 등장하는 위인들도 좋고요. 설화 속에 등장하는 인물들도 좋습니다. 역사를 공부하기 위한 기본 바탕을 배울 수도 있고, 인물의 상황과 이를 극복해 가는 과정을 따라가며 그의 심리를 읽어 나갈 수 있습니다. 인물이 처한 상황을 이해하고 그 심리를 쫓아가는 것, 그리고 그 심리를 표현할 수 있는 어휘를 만들어 나가는 것은 국어과에서도 중요한 활동입니다.

사실 논술 교육 현장에서 당연히 알고 있어야 할 인물에 대해 모르는 고학년을 많이 만나곤 합니다. 을지문덕, 서희, 김구 등 역사적 위인 외에도 우리나라 역대 대통령의 이름, 혹은 서양사에 등장하는 너무나 유명한 인물들의 이름을 처음 듣는다는 아이들이 있는데요. 이러한 인물들을 고학년 역사에서 만나게 되면 학습을 위한 암기 영역으로 넘어갈 수밖에 없습니다. 3, 4학년 중학년 시기에 이야기처럼 인물들의 삶을 만나게 된다면 고학년 역사 교과서 속에서 만나는 위인들이 암기의 영역이 아닌 이해의 영역으로 넘어오게 되고, 오히려 그 인물들이 역사를 이해하는 데 도움을 줄 수 있는 교량 역할을 하게 될 것입니다.

5, 6학년 고학년으로 넘어오면 역사적 배경이 중요한 역할을 하는 도서들을 읽는 것이 좋습니다. 프랑스 혁명을 배경으로 한 『레미제라

블』이나 병자호란이 배경인 고전 소설 『박씨전』, 산업화 도시화의 이면 속 사람들의 이야기를 담은 『자전거 도둑』 등등 소설 속 배경에 대한 상세한 정보와 그러한 시대적 배경이 등장인물에게 어떠한 영향을 미치는지 그 관계를 쫓아가며 책을 읽는 것이 좋습니다.

결국 배경과 인물에 대한 분석은 중고등 과정으로까지 이어지는 문학 학습 방법이기 때문에 역사, 사회, 문화적 배경과 등장인물의 연결 고리를 찾아내며 작가가 말하고자 하는 바가 무엇인지 숨은 의미를 찾을 수 있도록 끌어 주는 것이 좋겠지요.

초등 과정에서 부모가 함께 책을 읽어 주는 활동은 분명 아이의 독서 습관을 길러 주는 데 좋은 영향을 줍니다. 고학년의 독서 활동에서도 부모님의 공감과 대화는 아이의 독서 습관에 결정적 영향을 줄 수 있습니다. 아이와 부모가 같은 도서를 읽고 도서의 시대적 배경에 대한 정보를 공유하고, 그러한 상황 속에서 주인공이 느꼈을 감정들을 함께 공감한다면 그것보다 더 좋은 독후 활동이 있을까요?

- 옛이야기, 고전 소설 다 알고 있나요?

아이의 독서력에 관심이 있는 엄마라면 한 가지 더 점검해 보면 좋을 것이 바로 '고전 소설'입니다. 우리가 미취학 아동일 때 읽혔을 법한 『흥부와 놀부』, 『심청전』, 『토끼와 자라』 등은 중고등 과정에서 다시금 만나게 되는 고전 소설들입니다. 문제는 내가 알고 있어서 아이도 당연히 읽고 알고 있을 것이라 생각했던 옛이야기들을 모르는 아이가 있다는 것입니다. 독서 논술 수업을 하면서 아이들이 당연히 알고 있을 거라고 생각하고 본도서와 연계해 이러한 옛이야기들을 끄집어냈을 때 모르고 있는 아이들이 상당히 많아 당황한 적이 있습니다.

『선녀와 나무꾼』이나 『콩쥐 팥쥐』와 같은 옛이야기도 구비 문학으로서 다양한 이본들이 존재하는데요. 예를 들어 『선녀와 나무꾼』의 경우, 어느 지역에서 전해 내려오느냐에 따라 선녀가 선녀 옷을 입고 하늘로 날아 올라간 것에서 끝나는 버전과 이후 나무꾼이 다시 사슴의 도움을 받아 하늘에서 내려온 동아줄을 타고 하늘로 올라가 선녀를 만나 행복하게 사는 것으로 끝나는 버전, 이후 땅에 두고 온 어머니가 그리워 선녀의 도움으로 어머니를 만나러 간 나무꾼이 어머니가 아들을 위해 끓여 주신 팥죽을 먹다 타고 온 말에서 떨어지며 다시는 하늘로 올라가지 못하게 되는 것으로 끝나는 버전도 있습니다. 어릴 적 어떤 동화책을 읽혔느냐에 따라 아이들이 알고 있는 내용이 달라질 수 있습니다. 구비 문학은 구전되어 오면서 다양한 양상으로 변화합니다. 『신데렐라』와 『콩쥐 팥쥐』처럼 어떤 이야기는 핵이 되는 사건 구조가 먼 나라의 옛이야기와 맞닿아 있기도 합니다. 다양한 이본이 존재한다는 것을 아는 것도 구비 문학의 특징을 이해하는 데 도움이 되며, 비슷한 이야기 구조를 가진 다른 이야기책을 만날 때 그 차이와 공통점을 발견하는 것도 즐거운 독서 활동이 될 수 있습니다.

- 엄마가 읽은 책! 내가 고른 책이 가장 좋은 책!

초등 아이들에게 읽을 도서를 추천한다면 저는 엄마가 읽은 책이라고 말하고 싶습니다. 엄마가 읽고 느낌을 공유할 수 있는 책이라면 어떤 책이든 추천 도서가 될 수 있습니다. 공통 관심은 아동과 성인의 관심이 같은 것에 집중될 때를 말하는데요. 아이들은 도서를 함께 읽고 부모와 상호 작용하면서 새로운 단어를 익히기도 하고, 맥락 속에 숨어 있는 의미를 찾아내는 추론 능력이 성장할 수도 있습니다. 초등 아이들의 독서력은 부모의 관심만큼 성장합니다. 스마트폰을 달고 사는 부모에게서 독서에 관심 있는 아이를 기대하는 것은 욕심이겠지요.

읽을 도서를 선택하는 방법 중 추천하는 또 하나는 바로 아이가 고르는 책입니다. 학교에서 학습에 학생들을 적극적으로 참여시키는 수업 전략 중 하나는 선택이나 자기 주도의 기회를 제공하는 방법인데요. 독서 영역이야말로 이러한 자기 선택의 기회가 주어질 때 완독 성공률이 높아질 수 있습니다. 아이 스스로 자신의 흥미와 읽기 능력에 맞추어 책을 선택할 때 읽기 동기는 향상됩니다. 물론 이때 아이의 선택권에 제한을 가하는 부모님들이 계실 겁니다. 만화책은 안 된다, 글밥이 적은 책은 안 된다, 맨날 읽는 종류의 책은 고르지 말아라 등등 아이의 선택권에 부모가 개입될수록 아이는 독서에 대한 흥미를 잃을 수도 있습니다. 선택에 자율권을 보장해 주고 그 선택은 존중되어야 자신이 고른 도서에 대한 책임을 다할 수 있습니다.

- 규칙적인 책 읽기 시간으로 읽기 근육을 키워요!

　읽기 능력이 탄탄하게 자리 잡는 과정은 근육 운동과 똑같습니다. 오랜 시간 집중해서 책을 읽은 경험이 없는 아이에게 하루아침에 긴 시간 앉아서 독서에 몰입하라고 하는 것은 무리가 있습니다. 한 번도 덤벨을 들어 보지 못한 운동 초보자에게 무거운 덤벨을 들고 근육을 키우라고 하는 것과 똑같은 것이지요. 읽고 쓰는 능력은 조금씩 매일 규칙적으로 노출되었을 때 훨씬 좋은 효과를 거둘 수 있습니다. 아이들에게 탄탄한 읽기 근육이 생기기를 원한다면 하루에 10~20분 정도 정해진 시간에 책에 집중할 수 있는 환경을 만들어 주세요. 이 시간에는 부모님도 TV와 휴대 전화를 끄고, 함께 책 읽는 분위기를 만들어 주셔야 합니다. "나는 TV를 볼 테니 너는 독서를 하여라!" 이런 방식은 아이에게 절대 통하는 방법이 아니겠지요.

　아이들은 학원 숙제 때문에 독서할 시간이 없다고 투덜대기도 합니다. 함께 책을 읽자고 하면 차라리 숙제를 하겠다는 아이도 있습니다. 어떤 문화가 정착되기 위해서는 분명 시간이 필요합니다. 하나의 습관이 자리 잡을 때까지는 3주의 시간이 걸린다고 하죠. 하루에 딱 20분만이라도 가족이 함께 책 읽는 시간을 규칙적으로 만들어 보세요. 여기에 읽은 책에 대한 이야기를 짧게라도 한다면 독서에 대한 흥미는 높아질 수밖에 없습니다. 읽기에 대한 흥미에 추론 능력과 비판적 사고 능력까지도 키울 수 있는 만큼 가족이 함께 읽기 근육 키우기에 동참해 보시면 어떨까요?

2. 청소년에게는 읽기 이정표가 필요합니다!

- 초등용 고전 동화를 먼저 읽어 보세요!

책을 싫어하는 청소년들을 만나는 것은 그리 어려운 일이 아닙니다. 초등학교 시절 독서광으로 불릴 만큼 책을 좋아했던 친구들도 청소년이 되면 책을 멀리하는 것은 이미 앞서 언급한 것처럼 여러 이유로 멀리하게 되지요. 그렇다고 청소년 시기에 읽어야 할 것이 없는 것은 아닙니다. 또 막상 아이들이 책을 잡기 시작하면 흥미롭게 책의 세계로 빠져들게 되지요. 단, 이미 학습이 중요한 과업이 된 청소년에게 부모가 허락하는 책이 학습과 관련된 도서들로 제한되어 있기 때문에 학습 도서만을 권장하게 되어 책에 대한 편견이 만들어진다는 것은 아이러니가 아닐 수 없습니다. 무턱대고 좋은 책을 선택하는 것은 어렵기 때문에 누군가 좋은 책에 대한 안내를 해 주기를 바라는데, 정작 권장한 책을 읽을 때는 학습이 되어 버리니 말입니다.

중고등학생이더라도 흥미로운 책을 읽도록 권장하는 것은 중요합니다. 가령, 고전 소설은 중고등학생이 되면 접하는 영역 중 하나입니다. 『심청전』, 『토끼전』, 『춘향전』은 이름만 들어도 알고 있는 이야기입니다. 그러나 정작 이 작품을 학교에서 접하게 되었을 때 학생들은 읽는 것부터 어려움을 겪는 학생들이 흔합니다.

"도대체 누가 누군지, 무엇을 하는지도 파악이 안 되고 무슨 상황인지도 모르겠어요. 이렇게 재미도 없는데 옛날이야기를 굳이 왜 우리가 알아야 하고 읽어야 해요?"

고등학교 1학년이 된 주홍이는 고전 소설을 읽으려 할 때마다 이미 읽기 싫은 마음으로 무장이 되어 있다고 합니다. 내용 파악이 이해가 되지 않으니 자연스레 고전 문학의 필요성 또한 무의미하다고 생각하게 되고 결국 이러한 문제는 독서의 편견으로 자리 잡기 십상이지요. 흔히 하는 문제를 짚어 보자면, 애초에 고전의 배경이나 상황을 시대가 먼 이야기로 관심이 없어 제대로 알지 못한 것이 문제일 것입니다.

또 다른 이유로는 이미 유아 때 읽은 옛이야기 정보에 의존해 이야기의 구조를 다 안다고 생각하거나 자신이 알고 있는 제한된 선지식이나 이야기 맥락만이 이야기의 전부라고 생각하는 경우도 종종 있습니다.

고전 소설의 경우 주로 전지적 작가 시점으로 전개되고 주인공 인물을 지칭하는 말 또한 다양합니다. 주인공의 어린 시절의 이름을 부르다가도 벼슬을 하게 되는 경우는 벼슬을 붙여 그 인물을 명하기도 합니다. 때문에 우선 고전 소설을 잘 읽기 위해서는 고전 소설의 특징을 몇 가지 알고 있다면 도움이 됩니다.

 그리고 고전 소설의 이해도를 효율적으로 하기 위해서는 초등 고학년용 고전 소설을 읽는 것도 방법입니다. 유아 때 읽었던 고전 소설보다 초등 고학년을 위해 쓰인 소설이 생략 없이 원전에 가깝고 문장 또한 초등 고학년 수준으로 이해하기 쉽게 쓰여 가독이 쉽습니다. 또 이런 방식으로 고전 소설을 접하는 것은 읽기 어려운 소설을 읽는 것보다 시간도 절약되기 때문에 여러 권의 고전 소설을 접할 수 있을 뿐 아니라 고전 소설에 대한 상황 이해력을 높여 수능 지문에서 고전 소설을 만났을 때도 낯설지 않은 상황이 됩니다. 그렇다고 초등 고학년용 고전 소설 읽기만으로 고전 학습이 전부 완성되는 것은 아닙니다. 현재 고등학생이지만 고전 소설에 대한 읽기가 절대적으로 부족하다면, 바탕을 만드는 방법으로 취한 후 고등학생의 교과와 학습에 맞는 고전 어휘와 특징을 익혀 학습을 이어 나가는 것이 바람직합니다. 이처럼 학습과 연결하여 읽기를 흥미롭게 하길 원한다면, 읽기 연령을 찾아 적합한 읽기를 시도하여 탑을 쌓아 나가는 방식으로 즐겁게 읽기 경험을 해 보세요.

- 책에서 만난 롤모델과 꿈을 대화할 기회를!

 중고등학생들의 삶의 가장 큰 화두는 '진로'입니다. 진로는 청소년들에게 미래를 설계하는 기초 작업이며 자신을 발견하는 과정의 시작점이므로 중요하고 관심을 쏟을 수밖에 없습니다. 그렇다면 중고생들이 읽어야 하는 도서는 무엇일까요? 바로 자신의 삶을 설계할 수 있는 방법을 제안하는 도서일 것입니다.

고등학교 1학년 도연이는 자신이 무엇을 좋아하는지 잘 모른다고 합니다. 분명 어릴 때부터 부모는 다양한 경험 기회를 주며 도연이가 원하는 일을 찾을 수 있게 도움을 주셨다고 생각하는데도 자신이 좋아하는 것이 무엇인지 아직 자신도 잘 알 수 없다고 합니다.

중학교 3학년 재현이도 자신에게 재능이 있는 것이 무엇인지 찾지 못했다고 합니다. 공부를 썩 잘하는 것도 아니고 그렇다고 미술, 음악 같은 예체능에 재능이 있어 보이지 않는다고 합니다. 그래서 대학을 가더라도 무엇을 해야 할지 몰라 입시 공부 또한 왜 하고 있는지 모른다며 답답함을 호소합니다.

우리나라에서는 진로 탐색을 위해 중학교 1학년이라는 시간을 내어 주고 있습니다. 진로 교육을 통해 자신의 관심사를 찾게 하려는 교육 방향의 일종으로 볼 수 있지요. 그렇다면 우리 아이들은 이 시간 동안 자신이 원하는 꿈을 찾고 있는 것일까요? 초등학교를 갓 졸업하고 중학교 1학년이 된 아이들은 자신이 원하는 꿈과 미래, 진로를 고민하기에는 어려워 보입니다. 오히려 일부 아이들은 시험도 없고 자유로운 이 시기를 영어, 수학을 선행 학습을 위한 시간으로 이용할 뿐 자신의 진로를 고민하는 데 쓰지 않고 있지요.

또 아이들에게 진로에 대해 충분한 고민을 하지 않는 이유를 물으면 돌아오는 답은 "어차피 성적이 되어야 꿈도 꾸는 건데, 그건 결국 우리

나라 입시 공부인 국영수를 잘해야 하는 거잖아요. 그런데 저는 지금 그 공부가 왜 제 꿈을 이루는 데 필요한지 모르겠어요."라고 말합니다. 아이들의 말처럼 성적은 자신의 꿈을 실현하는 데 가장 중요한 요인인지도 모릅니다. 그래서 선행 학습을 하는 아이들이 오히려 자신의 꿈을 이루기 위한 현실적인 방법을 찾은 것이 아닐까 하는 생각을 하게도 합니다.

정작 아이들은 진로 고민할 때 자신이 아는 범주 내에서, 알고 있는 직업과 연결 지어 꿈을 생각하거나 부모님의 조언처럼 주변의 의사에 의해 동기 없이 따라가는 경우가 많습니다. 실제로 어떤 직업들이 있는지 아이들은 잘 모릅니다. 특정 직업을 떠나 자신의 삶을 빛나게 해 줄 삶의 방향, 미래를 어떻게 살고 싶은지에 대해 아이들은 생각해 본 적이 드뭅니다. 여기서 우리는 이들에게 독서를 제안해야 합니다. 책은 다양한 직업인들이 쏟아 낸 구체적인 삶을 엿볼 수 있습니다.

수의사가 꿈인 중학교 2학년 이안이는 수의사를 꿈꾸며 수의사가 되기 위한 방법을 알려 주는 책부터 해외, 국내 유명 수의사들의 에세이를 접하며 자신이 정말 수의사와 맞는지 생각해 보았다고 합니다. 그러다 자신이 정작 하고 싶은 것은 포유류 동물을 치료하는 것이 아니라 동물의 행동을 관찰하는 것에 흥미가 있다는 것을 확인하게 되었고, 국내 소재 대학 중 동물 행동을 전문적으로 교육하는 곳을 찾게 되어 특정 대학을 목표로 공부하겠다는 목표를 세웠다고 합니다. 직접 수의사를 만나지 않았어도 이안이는 수의사가 어떤 공부를 하는지, 자신이 하고자 했던 진로가 수의사의 업무가 아니라는 것을 알아낸 것이지요. 이렇듯 미래를 꿈꾸는 청소년에게 꼭 필요한 독서는, 미래의 지표가 될 진로 교육의 시작입니다.

중학교 3학년 우람이는 미래에 누구보다 다양한 경험을 하는 사람으로 살고 싶다고 합니다. 어떤 직업을 가져야 할지 모르겠지만 자신은 세계 각지 여행도 하고, 다양한 언어도 배우고, 악기도 다양하게 다루며 사는 사람이고 싶다고 합니다. 그때 우람이에게 추천한 책은 『자기만의 침묵』이었습니다. 침묵을 통해 안정감을 느낀다는 저자인 엘링카게는 남극점부터 에베레스트까지 모두 정복한 탐험가입니다.

그리고 변호사이자 출판사 대표, 미술품 수집가이며 가정적인 아버지이기도 합니다. 저자가 침묵을 통해 자신의 내면과 만나고 자신이 추구하는 것을 적극적으로 임하는 시간에도 침묵으로 온전히 자신이 느끼는 감정과 교감하는 방법을 저술한 도서를 만나며 우람이의 마음에도 잔잔한 파동이 일었습니다. 그리고 자신도 내적으로 단단한 것이 우선이라고 깨닫게 되었고, 스스로 자신과 만나는 시간을 만들어야 한다고 느껴 혼자서 조용히 생각에 잠기는 시간을 만들었다고 합니다. 요즘 청소년답지 않다고, 지나치게 진지한 것이 아니냐고 물을 수도 있습니다. 그러나 우람이는 많은 청소년이 게임과 유튜브에 열광하며 생각을 멈추고 있을 때 자신을 돌아보는 기회를 책을 통해 만났습니다.

의사가 꿈인 은재는 20대를 누구보다 뜨겁게 살고 싶고 그러한 경험들을 글로 남기고 싶어 합니다. 자신의 20대 경험과 그 시간의 생각을 남겨 두는 것은 가치가 있으니까요.

그런데 이런 꿈을 꿀 수 있었던 것은 젊음의 시간을 고뇌했던 기형도 시인의 시집 『입 속의 검은 잎』을 읽고 난 후였습니다. 기형도의 「질투는 나의 힘」을 읽고 은재는 자신의 내면과 만났습니다. 친구들의 성장과 자신이 경험한 좌절 속에서 다시 자신을 일으키는 것은 성장하고 싶은 자신의 마음이었습니다. 은재의 마음에 녹아든 시 한 편은 은재의 삶의 방향의 지표가 되었고, 뜨거운 고민을 하며 사는 자신의 시간을 남기고 싶다는 목표가 된 것이지요.

사회적으로 유능한 직업을 얻기 위해 책을 읽을 수도 있고 관심 있는 분야의 깊이 있는 지식 탐구를 위해 독서할 수도 있습니다. 그러나 청소년기의 독서는 내적 고민이 풍선처럼 부풀어 오르는 시간, 자신을 독려하는 힘을 얻을 수 있기 때문입니다.

청소년에게 필요한 것은 생각을 하도록 하는 기회입니다. 책을 통해 타인의 성찰과 모험, 탐험을 바라보며 자신의 삶의 가치관을 만들어 가는 시간이 아이들에게는 사실 그 무엇보다 중요한 일이지요. 그리고 그 바탕에는 책이 그 발판을 마련해 줍니다. 아이들에게 영수의 공부 때문에, 시간이 없기 때문에 뒤로 밀리고 있는 독서를 찾아 주어야 할 이유는 충분하리라 생각합니다.

III.
우리 아이들 '어떻게' 읽어야 할까요?

1.
초등학생, 문학을 어떻게 읽어야 할까요?

문학 작품은 어떻게 읽는 것이 잘~ 읽는 것일까요? 다른 장르와는 다르게 문학에는 작품이라는 글자가 따라붙습니다. 예술은 아름다움을 표현하는 인간의 활동을 말하는데요. 그 본질은 개인의 관점을 표현하는 것입니다. 문학은 언어로써 작가가 바라본 아름다움을 표현하는 예술의 한 양식인 것이죠. 때문에 문학 작품에는 상당히 다양한 함의가 존재합니다.

그런데 이렇게 다양한 의미를 지니는 문학 작품을 어떻게 읽고 해석해야 할까요? 아니 꼭 해석이 필요한 것일까요? 문학 작품의 묘미는 표현하고자 하는 것을 간접적으로 표현하는 것이라고 생각합니다. 작가가 작품을 통해 말하고자 하는 바를 작가의 목소리로 직접적으로 명징하게 보여 준다면 그것은 문학 작품이라고 불리기 어렵지 않을까요. 문학 작품의 진정한 가치는 독자가 숨은 의미를 찾아내고 자신의 경험이나 생각을 덧입혀 그 안에서 진한 의미를 만들어 내는 것이라고 생각합니다. 하나의 작품을 읽고 모든 사람들이 똑같은 의미를 품는다면 그것은 진짜 작품으로서 가치를 잃은 것이라 생각합니다. 때문에 아이들에게 문학 작품을 읽힐 때도, 아이들이 읽어 내는 작품의 의미를 인정해 주어야 합니다. 학교 교육에서 가르치는 작품의 주제 의식과 아이가 읽어 낸 작품의 주제가 일치하지 않더라도 아이의 해석을 무시해서는 안 됩니다. 우리는 경험에 의해 사전 지식의 주머니 즉, 스키마가 만들어지는데요. 아이들의 주머니 크기와 어른의 주머니 크기는 다를 수밖에 없고, 작품에 대한 다양한 감상과 해석은 문학 작품을 읽는 이의 행복한 자유인만큼 쉽게 침해해서는 안 된다고 생각합니다.

그럼, 문학 작품을 잘 읽고 즐기는 능숙한 독자를 만들기 위해 아무런 코칭도 필요하지 않을까요? 능숙한 독자로서 작품을 바라보고 자신만의 관점을 갖기 위해서는 각 작품이 갖고 있는 형식적인 요소와 특징을 이해하고 읽어 내는 요령을 터득해야 합니다. 중등 과정에 들어온 아이들 중에는 국어과의 생소한 용어들을 접하고 교과서 속 문학작품을 읽기 어려워하는 경우가 있습니다. 시를 읽으면서 화자와, 비유법, 운율과 심상 등을 공부해야 하고, 소설을 읽으면서 작품의 주제 의식과 표현법, 시점, 구성 등 다양한 요소들을 공부해야 하니까요. 개인적으로 수업 시간에 아이들에게 교과서에서 요구하는 방식대로 작품을 해석해 주면서 반드시 이러한 독법만이 정답이 아니라는 이야기를 하곤 합니다. 교과서에서 요구하는 작품 해석의 방식은 여러 관점 중에 하나의 가닥일 뿐입니다. 하지만 이러한 독해 과정이 필요한 이유는 해석을 해 나가는 방식을 배워야 하기 때문입니다.

  학교 교육에서 요구하는 문학 작품의 해석 방식은 또 다른 여러 작품들을 만나게 될 미래의 독자들을 능숙한 독자로 성장시키기 위해 필요한 도구입니다. 시와 소설의 형식적 요소와 작가의 세계관이 작품에 어떻게 연결되는지 바라보는 방식 등은 앞으로 무수히 많은 작품을 만나게 될 아이들이 반드시 알고 있어야 할 해석의 도구인 것입니다. 그렇다면 초등 아이들은 시와 소설을 어떻게 읽어야 능숙한 독자로 성장할 수 있을까요?

❶ 마음으로 즐기는 것, 시 읽기의 시작!

- 시는 왜? 어떻게 읽는 거예요?

　학기가 시작되면 국어과 교과서의 첫 부분에서 만나는 장르가 '시'입니다. 읽기에 대한 부담을 줄이고 문학 작품을 그 자체로 즐길 수 있는 가장 좋은 방법은 '시'라는 판단 때문일 텐데요. 긴 줄글이 아니기에 읽으며 내용을 파악해야 하는 부담은 당연히 줄어듭니다. 짧게 쓴 몇 개의 글자들이 행과 연으로 나뉘어 있어서 글자 배열에서 오는 시각적인 즐거움도 누릴 수 있으니까요. 시는 그러한 시각적 즐거움도 함께 누려야 하는 장르입니다. 또한 시어들이 갖는 독특한 특성을 파악하고 이를 놀이처럼 즐길 수 있어야 시를 제대로 읽는 것이라 할 수 있습니다.

　다행인 것은 긴 줄글이 아니기에 초등 아이들은 시에 대해서는 큰 부담을 갖지 않는다는 것입니다. 동시의 영역 안에서 아이들은 자유롭습니다. 시어의 반복적 어휘와 표현을 그 자체로 즐기고 느낄 수 있습니다.

　시의 언어는 일반 언어와는 다른 결을 갖고 있는데요. 시는 다분히 음악적이고 회화적이며 언어가 갖는 기호적인 성격을 넘어서는 독특한 매력을 지니고 있습니다. 그래서 이를 제대로 즐기기 위해서는 운율이나 상징, 반어와 역설 등 시어가 사용하고 있는 다양한 표현법을 이해하는 것이 좋습니다. 시가 사용하는 표현법에 대한 이해는 중등 과정에서 본격화되는데요. 그래서 초등 과정에서는 시라는 서정 장르가 가지는, 서사 장르와의 차별점을 이해하고, 이를 즐길 수 있는 밑바탕을 만들어야 합니다. 시를 시답게 하는 요인이 무엇인지 파악하고 시어가 갖는 특징을 발견하는 즐거움을 누릴 수 있도록 끌어 줘야 하는 것이죠.

시는 언어로 할 수 있는 즐거운 놀이의 일종인데요. 시어는 적확한 뜻을 전달하기 위한 도구로서의 언어가 아니라 인간 본성에 잠재해 있는 다양한 감정을 끌어내고 이를 각각의 다른 경험을 지닌 타인에게 전달하려는 언어입니다. 이때의 언어와 의미는 반드시 1 대 1로 상응하지 않는데요. 다르게 읽히고 다르게 느껴도 되는 언어인 것입니다.

언어는 일종의 약속의 산물입니다. 그러나 시어는 어떤 경우 그러한 약속에 부합하지 않을 수도 있습니다. 일반 언어의 의미 체계를 습득해 글 읽기와 쓰기에 적용해 논리적 구조를 세우고 있는 초등학생 아이들에게 자신들이 이해하고 있는 언어의 의미 체계를 전복시킬 수도 있는 다소 복잡해 보이는 시어들을 어떻게 읽혀야 하는 것일까요?

- 가슴으로 읽어요!

시는 가슴으로 읽는 장르입니다. 어떠한 사물의 생김새나 특징을 알려 주기 위해 시를 쓰는 사람은 없지요. 내가 본 사물에 대한 느낌이 시의 주제가 되기 때문에 그 사물에 대한 본질적 의미보다는 그 사물을 본 화자의 느낌에 주목해야 합니다. 내가 느낀 사물에 대한 감정과 화자가 느낀 감정 사이의 차이를 느끼기도 하고, 화자의 감정에 동화되어 사물을 바라보는 또 다른 시각을 느낄 수 있어야 하는 거죠. 가슴으로 느끼며 읽어야 하는 장르가 시인 것입니다.

- 열린 마음으로 시를 느껴 보아요!

동시는 아동 문학에서 서정 장르를 대표하는 용어인데요. 일반적으로 서정 장르는 개인의 감정이나 정서를 주관적으로 표현한 문예 양식이라고 정의합니다. 그러므로 시라는 장르를 아이들에게 읽힐 때에는 작가가 화자를 통해 표현하고자 했던 그 감정이 무엇인지를 읽어 낼 수 있도록 해야 합니다. 우리가 느끼는 세상 만물에 대한 감정은 반드시 한 가지 감정으로 조응하지 않죠. 자신이 경험한 것과 지식의 체계가 저마다 모두 다르기 때문입니다.

우리의 기억 속에는 우리가 경험한 것들이 체계적으로 구조화되어 있는데, 이를 스키마(schema)라고 합니다. 즉, 우리의 머리에는 많은 지식이 저장되어 있는데 이들 지식이 독서 과정에서 새로운 정보를 만나면서 이미 저장된 정보에 영향을 미치게 되는 것이죠. 독자마다 서로 다른 경험과 지식을 갖고 있기 때문에 같은 내용의 글이라도 독자의 스키마와의 상호 작용을 통해 다르게 이해될 수 있습니다. 동시는 작가가 특정 소재나 주제와 상호 작용하며 느낀 감정의 소산물입니다. 그리고 그것은 독자에 의해 또 다른 감정으로 읽힐 수 있는 것이죠.

학부모님들 중에는 중고등학교 때 시를 배우면서 시어에 밑줄을 긋고 그것이 어떤 의미를 품고 있는지 선생님의 지도에 따라 암기했던 기억들이 있으실 겁니다. 입시로 향해야 하는 아이들에게 시는 아직도 그러한 영역인지도 모르겠습니다.

하지만 적어도 초등 시절에 시의 매력을 마음껏 느끼게 해 준다면 입시에서 만나는 시의 의미를 좀 더 즐겁게 받아들일 수 있을 것입니다. 시는 감정을 단어로 표현하는 예술이며, 운율을 품고 있는 노래이며 우리 언어가 품고 있는 아름다움을 느낄 수 있도록 해 주는 특별한 장르입니다.

초등 아이들에게는 열린 자세로 시를 느낄 수 있도록 지도하는 것이 매우 중요한데요. 아이들이 시가 갖고 있는 다양한 감정과 정서를 체험하도록 하고, 눈에 보이지 않는 세계에 대한 감각을 익히도록 해야 합니다. 시 한 편을 살펴볼까요?

삶의 온도

박선영

소리네 나비는 배부른 고양이
이리와 부르면 귀찮다고 냐아옹
온종일 창가에 앉아 따뜻한 단잠 즐기네

꼬리가 잘려 뭉툭한 우리 동네 길냥이
누군가 알아볼까 발걸음도 조심조심
앙상한 제 몸 겨우 뉘여 깊은 밤을 견디네

태어난 순간부터 달랐을 세상의 온도
차가운 아스팔트 위 고단한 묘생의 여정
달빛의 온기라도 닿아 따스하게 품어 주길

 시 속 화자는 길거리 고양이와 집고양이의 상황을 대조적으로 보여 주며, 고양이 세상의 삶의 온도와 인간 세상의 온도를 빗대어 표현하고 있습니다. 화자는 시적 대상인 길고양이를 처연한 마음으로 바라보고, 그가 달빛의 온기라도 받아 따뜻한 밤을 보내길 바랍니다. 길거리를 지나다니면서 보았을 길고양이들은 추운 겨울밤 어디에서 어떻게 지낼까요? 따뜻한 방에서 주인의 손길을 받으며 걱정 없이 지내는 집고양이의 삶과는 많이 다르겠지요? 아이들에게 필요한 것은 자신의 일상에서도 겪었을 어떤 순간의 기분과 시 속 화자가 느낀 기분을 연결해 공감하는 것입니다.

일상에서 내가 느낀 한 줄기의 경험은 시를 가슴으로 느끼게 하고, 화자의 감정에 공감하도록 만듭니다. 이러한 순간을 만날 때 시의 매력에 빠지게 되는 것이죠. 문학에서 이러한 순간을 회감이라고 말합니다. 주체와 객체가 밀착해 융화하는 현상, 그러니까 시를 읽는 주체와 시 사이의 거리감이 없이 하나로 밀착된 순간을 말하는 것이죠. 나의 기억과 시의 어느 장면이 일치해 무한한 감동으로 다가오는 순간, 그 순간의 즐거움을 누리는 것이 시를 읽는 기쁨일 것입니다.

- 비유법, 눈에 보이지 않는 세계를 보이는 세계로

> 김장 배추
>
> 박선영
>
> 차가운 입김에 온몸 웅크리다
> 단단한 속살 어느새 달큰하다
> 밤사이 웅크렸다가 햇살에 펴는 기지개
>
> 오늘은 세정이네 내일은 선영이네
> 분주한 손길에 정들었던 텃밭 떠나고
> 어느새 짭쪼름 소금물에 편히 누워 단잠 잔다
>
> 새빨간 고춧가루 발그레 옷 갈아입고
> 온몸 구석구석 매콤 달콤 치장하면
> 시집간 누이동생은 KTX 타고 온다

    이 시는 텃밭의 배추가 김장 배추가 되기까지의 과정을 그리고 있습니다. 밤사이 차가워진 온도에 몸을 웅크렸던 배추가 아침 햇살에 기지개를 켭니다. 텃밭의 배추일 뿐인데 김장하는 날을 기다렸다는 듯 텃밭에서 뽑혀 소금물에 누워 단잠까지 잡니다. 인간이 아닌 대상을 인간처럼 표현하는 비유법인 의인법은 사물에게도 감정을 불어넣어 주어 시에 특별한 의미를 더해 줍니다.

아마도 화자에게 김장하는 날은 설레는 기억이었나 봅니다. 그저 한 포기의 김장 김치가 될 뿐인 배추에게 이런 애틋한 감정을 불어넣었으니까요. 똑같은 사물이라도 어떠한 감정 상태에서 보느냐에 따라 다르게 읽힐 수 있지요. 화자가 쫓는 감정의 눈으로 그 세상을 들여다보았을 때 내 마음에는 또 다른 감정의 세상이 등장할 수 있습니다.

화자의 감정에 나의 경험과 감정이 더해져 시가 진한 여운으로 남게 되는 것이죠. 우리는 초등 아이들에게 시를 통해 이러한 감정의 공유를 이끌어야 하며 새로운 시각으로 세상을 바라볼 수 있도록 이끌어야 합니다. 그 시각은 현상의 세계를 바라보는 눈이 아니라 감정의 눈으로 바라보는 새로운 시각이어야 합니다.

화가 나는 지금 내 감정은 어떤 것과 비슷할까? 누군가의 한마디가 가슴에 비수처럼 꽂혔던 감정은 어떤 것과 비슷할까? 갑작스러운 교통사고? 천둥 번개가 치던 어느 날 밤의 기억? 유리가 쨍그랑하고 깨졌던 기억? 내 마음속에서 일어나고 있는 감정의 동요를 특정 사건이나 사물의 특성에 연결할 수만 있다면 훌륭한 시인으로서의 자질을 충분히 갖춘 것입니다.

- 감정을 표현하는 단어를 만나게 해 주세요

아이들과 감정에 대한 이야기를 나누고, 특정 상황에서 느끼는 감정이 어떤 단어로 표현될 수 있는지 짚어 주는 것도 중요합니다. 도서를 읽고 이에 대한 감상평을 할 때 주인공의 감정 상태를 물어볼 때가 많은데요. 이럴 때 감정 단어 주머니가 메마른 친구들은 '좋아요!' '나빠요!' 정도의 단어로 표현합니다.

우리말의 진정한 아름다움은 형용사 표현에 있습니다. 감정을 표현하는 다양한 단어들을 만나게 해 줘야 합니다. '홀가분하다, 막막하다, 좌절하다, 평온하다' 등등 다양한 감정 단어들을 통해 자신의 감정을 표현할 줄 알아야 합니다. 내가 느끼는 감정이 정확하게 어떤 감정인지 알아야 그 감정에 맞는 상황이나 현상과 연결시킬 수 있는 것이죠. 내가 내 감정을 모르는데 시에서 표현하는 감정을 이해할 수 있을까요? 다양한 감정 단어를 익히고 이것을 생활 속에서 활용할 줄 알아야 문학 작품 속에서 만나는 수많은 인물들의 감정선을 제대로 따라갈 수 있습니다.

- 그림을 그리듯 시를 감상해 보자

시에서 중요한 또 하나의 요소는 바로 회화성입니다. 시는 눈에 보이지 않는 추상적인 감정을 다루기 때문에 이를 눈에 보이는 구체적인 대상에 빗대어 생생하게 표현합니다. 눈으로 읽어 들이는 문자는 머릿속에서 특정 이미지로 재구성되는데, 시는 이러한 과정을 적극적으로 활용하는 장르입니다. 때문에 시에서는 비유적인 표현과 함께 인간의 감각을 활용해 심상을 느끼도록 하는데요.

심상은 감각에 의해 만들어진 어떤 현상이 마음속에서 재생된 것이라고 정의합니다. 다양한 시각, 청각, 미각, 촉각, 후각적 표현은 머릿속에 다채로운 감각적 체험을 재생시키고요. 독자는 마치 눈앞에서 화자가 표현하고 있는 현상들을 보고 느끼는 것만 같은 경험을 하게 됩니다. 이것이 시가 갖는 특별한 매력인 것이죠. 눈을 감고 시를 음미하도록 하고, 어떤 이미지가 머릿속에 떠오르는지 이야기하도록 해 아이들이 시가 주는 감각적 체험에 집중하도록 지도해야 합니다. 엄마와 함께 시를 읽었을 때 엄마가 떠올린 장면과 아이가 떠올린 장면이 어떻게 다른지 이야기 나누고, 떠오른 장면에 어울리는 색이나 냄새 등을 표현할 수 있도록 유도한다면 시를 통해 또 하나의 시를 쓰는 효과를 얻을 수 있습니다.

- 시는 노래입니다

우리나라 동시의 시작은 동요입니다. 어린이들을 위해 지어진 동요가 신문이나 어린이 잡지에 먼저 연재되었고, 이로부터 어린이들을 위한 시로서, 동시 장르가 자리 잡게 되었습니다. 시가 다른 장르와 크게 차별화되는 중요한 요인은 바로 음악성인데요. 운율이라는 말은 음악적 요소를 말하지요. 같은 소리의 글자나 단어, 문장 등을 반복 배치해 특별한 리듬감을 느끼도록 하는 것이 운(韻)이고, 음이 갖는 강약이나 고저, 장단 등을 이용해 생기는 음악적인 요소를 율(律)이라고 합니다. 특히 동시는 이러한 음악적 요소를 적극적으로 활용해 시를 읽는 재미를 느끼도록 해 줍니다.

의성어, 의태어의 특징은 음절의 반복인데요. 오리가 우는 소리를 '꽥꽥'이라고 표현하지 '꽥'이라고만 표현하지 않지요. 별이 반짝이는 모습을 표현할 때에도 '반짝'이라는 단어를 한 번만 사용하지 않고 '반짝반짝'이라고 반복해서 표현합니다. 반복은 의성어, 의태어의 특징 중 하나인데요. 그렇기 때문에 의성어, 의태어의 사용은 시에 리듬감을 적극적으로 부여합니다.

초등 아이들과 시 쓰기 수업을 할 때 막연해하는 아이들에게 적극적으로 추천하는 것이 의성어, 의태어의 활용입니다. 반복되는 단어를 특정한 위치에 배치하거나 반복시키는 기술이 부족한 아이들에게 의성어, 의태어의 활용은 시에 생기를 불어넣고 시가 갖는 음악적 특질을 살리는 데 매우 효과적입니다.

의성어, 의태어의 사용은 시에 생기를 불어넣고, 때로는 시인이 표현하고자 하는 내용을 강조하는 효과를 가져오기도 합니다. 똑같은 표현도 의성어, 의태어를 사용한 경우와 사용하지 않은 경우 시의 맛이 달라집니다. 소리 내어서 읽어 보고, 시인이 무엇을 표현하려고 의성어, 의태어를 사용한 것인지 그 의도를 읽어 낼 수 있다면 시의 '찐' 의미를 만나는 데 도움이 될 수 있습니다.

- 시는 노래, 소리 내어 읽어요!

시의 음악적 요소를 제대로 느끼기 위해서는 여러 번 소리 내어 읽는 활동이 필요합니다. 낭송 활동은 시의 리듬감을 느끼는데 꼭 필요한 활동인데요. 눈으로만 읽는 동시는 그 맛이 떨어집니다. 시는 소리로 읽고 오감으로 체험하고 마음으로 느끼는 장르인데요. 낭송 활동을 통해 시가 갖고 있는 음악적 요소를 제대로 느끼고 즐길 수 있도록 지도해야 합니다.

형식이 고정되어 있는 시조의 경우, 4음보라는 형식을 설명하기 위해서는 낭송이 필수입니다. 음보는 띄어쓰기와는 전혀 다른 의미입니다. 한 걸음에, 한 호흡에 읽어 낼 수 있는 시가 갖고 있는 호흡을 말하는데요. 이러한 음보를 어떻게 소리 내어 읽어 보지 않고 이해시킬 수 있을까요? 우리 조상들은 시조를 낭송하며 천천히 그 의미를 음미하고 되새기며 시조 가락이 주는 특별한 매력을 즐겼습니다. 동시처럼 시조도 시이므로 음악적 요소를 무시할 수 없겠죠. 특히 시조는 그 형식이 정해져 있는 정형시이기 때문에 음보율과 음수율이라는 외형적 요소로 운율을 만듭니다. 글자 수가 규칙적으로 반복되는 음수율과 한 호흡의 규칙적인 반복으로 이루어지는 음보율은 시조만의 독특한 운율을 만들어 냅니다.

시의 형식적 요소들은 결국 음악성을 만드는 장치입니다. 노래를 글로만 만난다면 그것이 노래로써 의미를 가질 수 있을까요? 대중가요의 가사도 멜로디를 빼고 글로 읽으면 한 편의 시가 되죠. 시라는 장르를 낯설어 하는 아이들에게 시와 음악은 하나의 결로 통하고 있음을 느끼도록 해야 합니다. 대중가요에 익숙한 아이들에게 가요의 가사를 풀어서 보여 주었을 때 그 속에 담긴 다양한 시적 표현들을 느낄 수 있도록 지도에 활용하는 것도 좋습니다. 먼 옛날 조상들이 즐겼던 고전 시가도 결국 그 시대를 풍미했던 노래였겠지요. 시가 품고 있는 음악성과 회화성, 감각적 체험을 최대한 살려 아이들이 동시를 노래처럼 친근하게 여기고 즐길 수 있도록 그래서 시의 형식적 요소들을 그 안에 녹여 이해할 수 있도록 지도해야 합니다.

- 시조의 형식을 지도해 주세요

시조는 형식이 정해져 있는 정형시인데요. 형식이 정해져 있다는 것은 어떤 면에서는 지도하기에 편리한 부분도 있습니다. 또한 시 쓰기 활동에 있어서도 형식이 제약되는 것이 어떤 면에서는 편한 측면이 있는데요. 정해진 글자 수만큼, 정해진 문장만큼 정해진 약속대로 형태를 유지하며 작성하면 되기 때문에 하얀 바탕 위에 마음대로 창작력을 발휘해야 하는 자유시보다는 시 쓰기에 수월한 측면이 분명히 있습니다.

시조는 고려 말부터 발달해 지금까지 창작되고 있는 우리나라 고유의 정형시인데요. 3장 6구 45자 내외의 기본 형식을 갖고 있으며, 평시조, 연시조, 사설시조 등으로 나눠 볼 수 있습니다. 앞서 보았던 「삶의 온도」라는 시도 시조인데요. 여러 편의 평시조가 연이어져 있는 연시조입니다. 시조에 대한 설명을 위해 첫 연만 따로 살펴보겠습니다.

삶의 온도

박선영

소리네 나비는 배부른 고양이 〈초장〉
이리와 부르면 귀찮다고 냐아옹 〈중장〉
온종일 창가에 앉아 따뜻한 단잠 즐기네 〈종장〉

이 시는 초장, 중장, 종장 3개의 문장으로 이루어진 평시조입니다. 첫 번째 문장을 초장, 두 번째 문장을 중장, 마지막 문장을 종장이라고 하고, 각 장은 다시 네 개의 마디로 이루어지는데요. 한 마디는 보통 서너 글자로 맞추어 쓰는데 한두 자 정도는 늘거나 줄기도 합니다. 하지만 종장의 첫마디는 반드시 세 글자로 지켜 써야 하는데요. 시조를 즐기기 위해서는 약속된 이러한 형식을 들여다볼 줄 알아야 합니다. 이런 시조의 형식이 앞서 언급한 리듬감을 만들고 시조만이 갖고 있는 독특한 매력을 형성하기 때문이죠.

- 간결하고 함축적인 매력을 즐기자!

　글자 수가 정해져 있다는 것은 시를 쓸 때에 상당한 제약으로 다가올 수 있습니다. 그런데 이 제약으로 인해서 시조는 ~의, ~을 등의 조사를 상당 부분 생략합니다. 그래서 꼭 남아야만 하는 시어를 골라서 쓰게 되고, 글자 수에 맞는 어휘를 골라서 써야 하기 때문에 시조의 시어에서만 느껴지는 특수성이 존재하게 됩니다. 더 함축적이고 더 대표적인 어휘들이 취사선택되기 때문에 시어에서 느껴지는 간결함이 시조만의 매력을 만들어 내는 것이죠.

　고시조는 많은 의미를 내포하고 있어 해석이 동반되어야 하지만, 동시조는 시조의 형식미를 즐기고 운율감을 느끼고, 시어가 주는 맛을 즐기는 시입니다. 때문에 시조가 갖는 형식적 특성을 알려 주고, 이 바탕 위에 시조가 갖는 다양한 매력을 여러 번의 낭송을 통해 느끼도록 지도하는 것이 좋습니다.

🧭 시를 즐겁게 읽기 위한 학습 TIP!

다양한 의성어 의태어를 만나도록 해 주세요!

– 소리를 흉내 내는 말 〈의성어〉

쨍그랑	찰카	딸랑딸랑	찰랑찰랑	삐야삐야
철퍼덕	후드득	우당탕	똑딱똑딱	멍멍
똑똑똑	보글보글	사각사각	콜록콜록	꼬르륵
와르르	첨벙첨벙	달그락달그락	쩝쩝	쿵쾅쿵쾅
부르릉	똑똑	뿡뿡	개굴개굴	쓱싹쓱싹

– 행동이나 모습을 흉내 내는 말 〈의태어〉

방긋방긋	빙그르	활짝	동글동글	꿈틀꿈틀
뒤뚱뒤뚱	나풀나풀	펄펄	뾰족뾰족	끄덕끄덕
반짝반짝	아장아장	울퉁불퉁	미끌미끌	끄적끄적
엉금엉금	초롱초롱	또박또박	덩실덩실	살랑살랑
깡충깡충	대롱대롱	쫑긋	우락부락	주렁주렁

감정을 나타내는 다양한 단어를 일상에서 활용하도록 해 주세요!

의성, 의태어 또는 감정 단어를 넣어 문장을 만드는 게임을 함께해 보세요. 생동감이 있는 문장을 만들다 보면 낱말의 의미도 자연스럽게 익히고 스스로 어휘에 익숙해지는 기회가 될 거예요.

화났을 때	두려울 때	불안할 때	놀랐을 때	슬플 때	미울 때
격양된	걱정스러운	긴장되는	기막힌	무기력한	못마땅한
괘씸한	겁나는	겸연쩍은	당황스러운	상실감	야속한
분한	두려운	불안한	뜨끔한	서러운	얄미운
불쾌한	막막한	망설이는	아찔한	속상한	경멸스러운
약오르는	섬뜩한	떨리는	어리둥절한	측은한	시기하는
폭발하는	심란한	조마조마한	가슴철렁한	서글픈	끔찍한

❷ 미디어로 소설을 읽기 전, 배경을 살펴요!

- 동화가 왜 재미없을까?

"선생님 이 책 재미없어요."
"무슨 말을 하는 건지 한 개도 모르겠어요."
"주인공의 행동이 도무지 이해가 안 돼요!"

아이들이 원하는 재미있는 책의 기준은 과연 무엇일까요? '재미'라는 단어의 기준은 개인차가 크기 때문에 확실한 답을 할 수는 없지만, 줄거리를 한 번에 이해할 수 있고, 상상이라는 생각의 에너지를 많이 불어넣지 않아도 되는 도서인 것 같습니다. 학년이 올라가면서 삽화가 등장하지 않고, 글밥이 많은 도서들을 고학년 필독서로 추천하는데요. 어떤 아이들은 그림이 한 장도 들어 있지 않은 도서는 펴 보기도 전에 재미없겠다는 말을 먼저 하곤 합니다.

독일의 문학 학자인 볼프강 이저는 『내포독자』에서 읽기를 독자가 텍스트로부터의 정보를 지속적으로 처리하는 매우 정신적이고도 능동적인 과정으로 말하고 있습니다. 우리가 아이들에게 책 읽기를 강조하고 있는 이유도 여기에서 찾을 수 있습니다. 한국어를 능숙하게 읽고 쓸 수 있게 된 아이들에게 이제 글이 갖고 있는 다양한 의미를 이해하고, 즐기는 능동적 독자가 되도록 가르쳐야 합니다. 텍스트를 읽고 그것이 갖고 있는 의미를 정밀하게 이해하고, 자신이 갖고 있는 정보와 결합해 능동적으로 도서의 의미를 향유하도록 하는 것이죠.

　능동적인 독자가 되는 방법은 일상에서 책을 자주 접하는 것이 1순위입니다. 어쩌다 잠깐의 짧은 틈만 나도 아이들과 엄마, 아빠의 손에 쥐어지는 것은 책이 아닌 스마트폰입니다. 일상에 획기적인 전환을 가져온 스마트폰은 21세기를 살아가는 전 세대에게 이제는 없어서는 안 될 필수품이 되어 버렸습니다. 학교에서 쓰던 알림장도 스마트폰 애플리케이션을 통해 전달하고 있고, SNS를 통해 친구들과 대화를 나누는 것은 일상이 되었지요. 사춘기 소녀의 소설 읽기는 웹툰이 대신하고 있고, 짧고 자극적인 영상물에 익숙해진 아이들은 이제 긴 호흡의 영화마저도 보는 것이 힘들어졌습니다.

　게임의 세계는 끌려가는 세계입니다. 내가 버튼을 누르고 캐릭터를 조정하고 있어 꽤나 능동적인 활동 같지만 그 세계는 결코 유저의 사고력을 중요시하지 않습니다. 생각할 틈을 주지도 않을뿐더러 유저의 생각 따위는 게임에서 중요한 요인이 되지 않습니다. 아이들의 놀잇감은 세상을 이해하고 배우는 도구로서 기능해야 합니다. 게임의 세계에 매몰되어 있는 우리의 아이들이 현실 세계의 다양한 문제점을 바로 보고, 이해하고 해결하는 것이 가능할까요?

　소설 읽기는 세상의 다양한 사람들을 만나고, 다양한 문제들을 접하며, 다양한 층위의 세계 속으로 떠나는 여행길입니다. 모두가 같은 책을 읽는다고 해서 똑같은 여행길을 떠나는 것은 아닙니다. 저마다 다른 인간이기에 똑같은 도서를 읽고도 다양한 생각의 결과물들이 나올 수 있는 것이죠. 소설 읽기에서 중요한 것은 주인공이 처한 상황에 몰입하는 힘입니다. 몰입을 위해서는 상상의 능력이 필요합니다.

첫 번째 상상은 줄글로 써 있는 소설 속 상황을 능동적으로 흡수해 머릿속에 떠올리는 것입니다. 탁월한 소설 작가들은 독자를 자신의 세계로 이끌기 위해 세밀한 묘사를 활용합니다. 한낮의 뜨거운 태양 아래에 서 있는 주인공이 맞은 한 줄기 시원한 바람의 느낌은 작가의 세밀한 상황 묘사로 인해 독자에게도 그대로 전해집니다. 문자로 적힌 한 단락의 글이 나를 주인공의 세상으로 안내하는 것이죠.

소설 읽기는 능동적인 독자일수록 재미가 배가 되는 행위입니다. 두 번째 상상이 바로 능동적인 독자가 책을 읽으며 즐기는 과정입니다. 소설 속 타인의 삶을 들여다보고 나의 삶을 반추해 보는 행위인데요. 능숙한 소설 독자에게는 매우 중요한 과정입니다. 내가 만약 주인공이라면 이 상황에서 어떤 감정을 느꼈을까, 나라면 과연 어떤 선택을 했을까. 그 때의 세상이 조금은 달랐다면 주인공은 더 나은 삶을 살 수 있지 않았을까? 지금 우리가 사는 세상에는 주인공과 같은 일을 겪는 사람이 없을까? 우리 사회는 그럼 무엇을 할 수 있을까? 다양한 물음들이 모였을 때 독서는 큰 힘을 발휘할 수 있습니다. 상상은 생각을 만들고 생각은 세상을 살아가는 힘이 됩니다. 소설의 능동적인 독자가 되기 위해 우리는 어떤 노력을 기울여야 할까요?

- 소설을 제대로 이해하기 위한 무기, 묘사와 비유법

아이들이 어려워하는 이야기책은 대체로 묘사와 비유적 표현이 많은 도서입니다. 시가 우리가 일상에서 느끼는 다양한 감정들을 함축적 시어나 유사한 이미지를 갖는 시어에 빗대어 표현한다면, 소설은 좀 더 예리한 표현으로 다양한 감정을 끌어냅니다. 그런데 소설 속 장면에 몰입하지 못한 독자들은 소설 속 묘사와 비유적 표현으로 인해 큰 혼란에 빠지기도 합니다.

베치 바이어스의 『검은 여우』를 읽은 초등 4학년 아이가 도대체 무슨 내용인지 모르겠다고 말합니다. 전체적인 줄거리가 단순한 편이라 이해하지 못할 부분이 없는데 무엇이 문제가 된 것일까요?

부모님의 여행으로 시골인 이모네 집에 머물게 된 톰은 우연히 숲에서 검은 여우를 만나게 됩니다. 검은 여우에게 매료된 톰은 홀로 숲에 들어가게 되는데요. 숲에 들어간 느낌을 쓸쓸하다고 표현하면서 예전에 국어 시간에 한 친구가 「숲 속 동물들은 모두 어디로 갔을까」라는 시를 암송하면서 느꼈던 감정을 떠올립니다. 쓸쓸한 분위기의 시를 읽고 느꼈던 그때의 감정을 지금 숲속에 홀로 들어와 느낀 감정과 동일시한 것이죠. 문제는 읽기에 몰입하지 않고 줄거리만을 빠르게 넘기며 읽은 독자에게는 갑작스러운 숲에서 교실로의 이동은 납득할 수 없는 것이 되어 버린다는 것이죠.

이 소설에는 이런 장면들이 많이 등장하는데요. 하나 더 살펴볼까요? 숲에 들어간 톰은 새들이 곤충을 잡는 모습을 보고 엉뚱한 상상에 빠집니다. 새의 움직임이 마치 배낭을 메고 하늘을 날고 있는 사람처럼 보였나 봅니다. 톰은 외딴 산골짜기에 살고 있는 한 천재 노인이 배낭처럼 등에 메면 하늘을 날 수 있는 기계를 만들었고, 이를 사람들 앞에서 시연하는 모습을 떠올립니다. 도시에서 장난감을 가지고 놀던 소년이 외딴 시골 마을에서 별다른 놀잇감도 친구도 없이 지내다 보니 자연의 모든 것이 새롭게 눈에 들어왔고, 머릿속에는 다양한 상상의 공간이 자리하게 된 것입니다. 그런데 이 책을 읽은 아이들은 이러한 톰의 상상력이 가슴에 와닿지 않는 모양입니다.

  소설을 재미있게 읽기 위해서는 작가가 사용하고 있는 다양한 비유적 표현을 수용해야 합니다. 우리 주변의 사물과 공간을 작가가 어떻게 묘사하고 있는지 그 표현법에도 관심을 가져야 합니다. 현존하는 세상이 글로 옮겨졌을 때, 과연 작가가 어떻게 표현하고 있는지 흥미를 갖고 들여다봐야 합니다.

  묘사는 글이 만드는 세상 속으로 들어가는 문이 됩니다. 그 문을 열고 들어가면 작가가 바라본 세상이 우리의 머릿속에 펼쳐지죠. 우리 아이들은 자신이 바라보고 있는 세상을 글로 표현할 수 있을까요? 짧은 예로 관찰 일기를 들어 보겠습니다. 4학년 교과 과정에는 강낭콩 키우기가 진행되는데요. 이때 자신이 키우고 있는 강낭콩의 모습을 관찰해 기록해야 합니다. 눈앞에 보이는 화분 속 식물이니까 쉽게 표현할 수 있을 것 같지만, 막상 시각적 대상을 글로 옮겨 표현하는 일은 결코 쉬운 일이 아닙니다. 대부분의 아이들은 '초록색이다.' '길쭉하다.' '잎에 솜털이 있다.' 등으로 간결하게 표현하는데요. 감정을 표현하는 단어만

큼이나 아이들이 무언가를 묘사하기 위해 사용할 수 있는 어휘력에도 한계가 느껴지는 순간입니다.

  묘사에도 비유적 표현이 가미되어야 글에 생동감이 느껴집니다. 어느 시인은 콩 꽃을 보고 이렇게 표현합니다. "나비처럼 생긴 큰 꽃잎 아래 작고 긴 꽃잎이 혀처럼 쏙 내밀고 있는 모양새가 곱살스럽고 귀엽다. 뒤로 잦히듯 활짝 핀 콩 꽃 앞에선 왠지 거짓말을 해선 안 될 것 같다." 시인들의 언어를 통해 콩 꽃은 새로운 의미를 부여받습니다. 묘사와 비유적 표현이 주는 즐거움에 푹 빠질 때 우리는 소설의 세계로 깊이 빠져들 수 있습니다.

  또 한 가지 중요한 것은 주인공이 어떤 상황에서 어떤 감정을 느꼈는지를 쫓아가는 것입니다. 묘사의 순간은 주인공이 바라보고 있는 세상에 대한 시선입니다. 주인공이 어떤 감정이냐에 따라 바라보고 있는 세상이 어둡고 우울하게 그려질 수도 있고, 아무리 비가 많이 오는 날씨여도 밝고 환하게 그려지기도 합니다. 지금 이 장면에서 인물은 어떤 마음으로 세상을 바라보고 있는지 인물의 마음 상태를 들여다봐야 합니다. 그러기 위해서는 관습적으로 내려오는 이미지에 대한 이해도 있어야 하고, 어떤 단어로 감정을 표현하고 있는지 감정이 드러나는 부분을 찾아낼 수 있어야 합니다.

- 선지식, 배경을 공부하자!

요즘은 영화를 보기 전에 어떤 내용을 중점으로 보아야 흥미 있게 볼 수 있을지 영화에 대한 정보를 찾아서 훑어보고 영화를 보는 경우가 많습니다. 2차 세계 대전을 배경으로 한 영화라면 당연히 선행 지식이 바탕이 되어야 영화가 의미 있게 다가올 테니까요.

독서는 어떨까요? 책의 두께로 그 흥미 정도를 판단하는 우리 아이들에게 읽기 전 활동은 도서에 대한 흥미를 높이는 데 중요한 역할을 할 수 있습니다. 이문열의 『우리들의 일그러진 영웅』은 대표적인 알레고리 소설입니다. 알레고리란 인물, 행위, 배경 등이 표면적으로 보이는 일차적 의미와 이면의 이차적 의미를 모두 가지도록 고안된 이야기를 가리킵니다. 소설이 표현하고 있는 것은 시골초등학교로 전학 간 한병태와 선생님의 두터운 신임을 받는 반장 엄석대의 이야기이지만, 그 이면에는 부조리한 권력 앞에 무릎 꿇었던 한국 사회의 단면과 한국 정치사의 판도를 비판적인 각도에서 성찰하고 있는 작품입니다.

도서에 대한 흥미를 높이기 위한 읽기 전 활동으로 무소불위의 권력 앞에 무릎 꿇지 않고 항거했던 역사 속 인물들을 만나도록 하는 것은 어떨까요. 지금의 민주 사회가 만들어지기까지 우리는 수없이 많은 피의 투쟁을 불사해야 했습니다. 지금도 세계의 어느 곳에서는 민주화에 대한 열망으로 권력에 맞서 싸우고 있는 나라들이 존재합니다. 60년대 4.19와 80년대 6월 항쟁, 몇 년 전 촛불 집회로 하나된 국민들의 뜨거운 열정도 책 속의 주제와 맞닿아 있습니다. 책을 의미 있게 읽을 수 있도록 돕는 역할은 역사적 사실들을 몇 장의 사진으로라도 보여 주고, 이야기 나누는 것입니다.

고전 소설이라고 다를까요? 『홍길동전』과 『박씨전』은 대표적인 영웅 소설입니다. 두 소설에는 차별받았던 소수자들이 등장합니다. 서자 출신의 남자 주인공은 아버지를 아버지라 부르지 못하고, 못생긴 외모의 여자 주인공은 박색이라 남편에게 괄시받습니다. 차별받던 소수자는 비범한 능력으로 세상을 구하고 영웅이 됩니다. 적서 차별이라는 봉건적 제약에 맞서는 투쟁의 이야기와 남성 중심 사회, 외모 지상주의에 맞서 투쟁하는 여성의 이야기는 현대 사회의 소수자에 대한 차별 문제와도 맞닿아 있습니다.

조선 시대, 신분제는 어떤 의미였고, 여성들은 어떤 삶을 살았을까요? 시대의 권력 앞에 순응하며 억울한 삶을 살아야 했던 이들을 우리는 소설을 통해 만나 볼 수 있습니다. 5학년 2학기 사회 과목부터 아이들은 본격적으로 한국사를 접하게 됩니다. 몇천 년의 길고 긴 역사를 1년이 채 되지 않는 시간 동안 배우다 보니 역사의 중요한 사건들 위주로 훑어 공부하게 됩니다. 중등 과정이라고 크게 달라지지는 않습니다. 역사의 중요한 순간순간들을 사건 위주로 만나다 보니 그 시대의 사람들이 어떠한 삶을 살았는지는 제대로 들여다 볼 틈이 없습니다. 소설은 이러한 빈틈을 메울 수 있는 중요한 교재가 됩니다.

판타지물의 소설에도 현실 세계는 존재합니다. 소설은 현실의 문제를 인물들에게 담아내고 있습니다. 주인공이 살고 있는 세상은 허구의 세상이지만, 과거의 어느 한 시간 혹은 현재나 미래의 어느 시간을 표현하고 있습니다. 그것이 과거가 되었든 현재, 미래가 되었든 인간이 살아가고 있는 세상 속 이야기가 담깁니다. 수없이 많은 세월의 궤적 속에 내가 읽고 있는 소설 속 세상은 어느 시대를 담아내고 있을까요? 그 시대를 살고 있는 그 주인공은 어떠한 마음으로 그 세상을 바라보고 있을까요?

역사 공부의 일환으로 중요한 사건 중심으로 일제 강점기를 기억하고 있다면, 현진건의 『운수 좋은 날』을 통해 그 시대를 살았던 민중들의 삶을 들여다볼 수 있습니다. 일제 강점기, 일제의 토지 수탈로 땅을 빼앗긴 농부들은 도시의 하층민으로 전락해 하루하루 근근이 버텨 나갔습니다. 인력거꾼 김첨지도 그런 사람 중에 하나입니다. 현진건은 그렇게 일제 치하의 고통 속에 굶고 헐벗었던 민초들의 삶을 소설 속에 담아내고 있습니다. 역사책이 기록하지 않는 어느 시대 한 사람 한 사람의 인생사는 소설을 통해 비로소 기록되는 것입니다.

아이들에게 도서를 깊이 있게 읽도록 하는 데에는 그 소설이 담아내고 있는 시대에 대한 이해, 혹은 주제와 관련된 선지식이 필요합니다. 이것을 끌어 주는 데 중요한 역할을 할 수 있는 사람은 바로 부모님입니다. 아이가 읽는 도서가 무엇인지 파악하고 식탁에서 단 몇 분이라도 함께 이야기 나눠 주고, 관련된 영화나 그림 자료들을 함께 본다면 아이는 도서에 보다 깊이 빠질 수 있을 것입니다.

- 책과 연계한 매체 읽기!

책과 관련된 영화와 그림 자료에 대해 언급했는데요. 매체 읽기도 아이들의 국어과 공부에 매우 중요한 부분입니다. 많은 영화와 드라마들이 인기 소설이나 웹툰으로 영상화되었는데요. 문자로 된 작품을 영화나 드라마로 시각화한다는 것은 누군가 텍스트를 읽고 머릿속에 상상한 내용을 들여다볼 수 있는 흥미로운 기회입니다.

논술 수업에서 많이 하는 활동 중 하나가 뒷이야기 상상하는 글쓰기인데요. 작품을 몰입해서 잘 읽은 친구들은 뒷이야기도 개연성 있게 잘 풀어내고, 참신한 아이디어까지 더해 매우 흥미로운 상상의 결과물을 완성합니다. 박찬욱 감독이나 봉준호 감독이 초등 시절에 이런 논술 수업을 받았다면, 상상도 못할 참신한 뒷이야기를 만들어 냈을 것 같다는 생각이 드는데요. 소설을 원작으로 한 소설이나 드라마는 그렇게 독자인 감독이 상상해 낸 결과물입니다. 스토리상에서 원작과는 어떤 차이가 있고, 캐스팅된 등장인물이 내가 상상했던 인물과는 어떤 차이가 있는지, 감독이 그려 낸 작품의 배경과 분위기는 내가 읽고 느낀 부분과 어떤 차이가 있는지 대조해 보며 감상하는 재미가 있습니다.

초등학교 3학년 아이에게 『샬롯의 거미줄』을 읽히고, 영화를 감상하도록 했는데요. 소설 속에서는 샬롯이 윌버와 동년배의 또래 친구처럼 느껴졌는데, 영화 속에서는 샬롯이 꼭 엄마 같은 느낌이었다고 하더라고요. 그도 그럴 것이 영화에서는 돼지 윌버가 어린 아이의 목소리로 더빙이 되었고, 샬롯은 줄리아로버츠가 목소리 연기를 했거든요. 때론 아이들의 평가가 더 섬세하고 날카로울 때가 있는 것 같습니다. 알을 품고 낳아야 하는 거미이니 감독의 입장에서 샬롯은 윌버보다는 훨씬 성숙한 어른이었을 것입니다. 하지만 아이들의 입장에서 샬롯은 다정한 친구로 존재했던 것 같네요.

실제 중등 국어과에서는 매체 변화에 따른 차이를 공부하고 시험에까지 출제가 되는데요. 초등 과정에서 같은 작품이 매체를 달리했을 때 어떤 변화가 생기는지 관심을 갖고 감상해 본 경험이 있다면 중학교 과정에서 어렵지 않게 공부해 나갈 수 있을 것입니다.

- 몰입의 경지! 완독이 주는 쾌감을 누려라!

정보를 전달하는 도서는 끊어 읽기를 해도 큰 방해를 받지 않지만, 소설과 같은 이야기 글은 끊어 읽기를 하면 몰입에 방해를 받습니다. 소설은 주인공의 심리 상태를 치밀하게 따라가야 흥미를 잃지 않고 완독할 수 있습니다. 발단-전개-위기-절정-결말의 구성 단계는 주인공의 심리 상태와 긴밀하게 연결되어 있습니다.

유독 이야기를 재미있게 하는 사람들이 있습니다. 그들의 이야기에 매료되는 이유는 그가 자신의 이야기에 청자의 심리를 반영하고 있기 때문입니다. 먼저, 이야기의 절정에 이르기 위해 배경을 차분하게 설명하고, 맛깔나게 갈등의 단서를 제시합니다. 결국 그 단서는 위기 상황을 만들고 청자도 함께 긴장감을 갖고 이야기의 절정에 빠지게 되는 거죠. 사람들은 결말이 궁금해 그 사람의 이야기를 끝까지 몰입해서 듣습니다.

소설은 탁월한 이야기꾼인 작가가 자신의 이야기로 독자들을 끌어들이는 행위입니다. 때문에 절정에서 쾌감을 느끼게 될 독자들을 위해 차분히 이야기를 단계별로 끌어 올립니다. 그런데 어느 단계에서 갑자기 책 읽기를 멈춰 버린다면 한껏 끌어 올린 그 단계의 맛이 사라져 버립니다. 독자가 다시 책을 들어 끊어졌던 단계에서부터 다시 몰입하려 하지만 처음부터 서서히 올라왔던 이 전의 단계와는 그 맛이 달라집니다.

책 읽기에 흥미를 갖고 있는 아이들은 이미 그 맛을 알고 있습니다. 한 번 손에 쥐면 끝까지 읽어야 그 절정을 느낄 수 있다는 것을 알고 있는 것이죠. 그리고 그렇게 단 한 번이라도 완독의 쾌감을 느낀 아이는 자신의 독서 시간을 다른 것에 내어 주지 않게 될 것입니다. 독서는 의무가 아닌 취미여야 합니다. 몰입해서 푹 빠지고 마지막 한 장까지 남김없이 읽고, 독서가 주는 참맛을 즐기는 것이죠. 특히 소설은 다른 장르의 도서에 비해 더더욱 완독의 즐거움이 큰 장르입니다. 단 한 번이라도 몰입과 완독의 쾌감을 느낄 수 있도록 아이의 소설 읽기에 관심을 가져 보면 어떨까요?

가족이 함께 관심을 가질 수 있을 만한 소설을 선택하고, 함께 그 배경에 대해 이야기 나누고, 휴일에 독서하기 딱 좋은 환경을 만들어서 독서에 심취하도록 해 보는 거죠. 그리고 아이와 함께 읽은 내용에 대해 각자의 생각을 이야기 나눠 보세요. "나라면 이렇게 했을 텐데, 이 장면이 나는 가장 인상 깊었다. 그 장면에서 나는 어떤 마음이었다." 등등 가벼운 대화면 됩니다. 가장 좋은 독서 논술 선생님은 바로 부모님입니다.

🧭 소설을 재미있게 읽기 위한 연습 TIP!

1. 친구의 행동을 보고 그의 성격을 표현하는 연습을 해 보아요!

🚩 친구들에게 매일 괴롭힘 당하면서 아무 말 못하고 속앓이를 하고 있는 친구의 성격은?
 ⇒ 소심하다, 답답하다, 착하다, 바보같다…

🚩 선생님 말씀이면 친구들 상황은 신경 쓰지 않고 무조건 네! 하고 답하는 친구의 성격은?
 ⇒ 순종적이다, 착한 척한다, 기회주의자, 이기적, 약자한테 강하고 강자한테 약하다

2. 비유적 표현을 연습해 보세요!

🚩 눈에 보이지 않는 감정을 눈에 보이는 사물이나 현상과 연결 짓기!
나는 작은 일에도 금방 토라지고 잘 삐진다.
나의 마음 상태를 눈에 잘 보이는 무언가로 빗대어 표현해 보면 어떨까?
나의 마음은 크지 않고 너무 작은 것 같아.
나의 마음은 건드리면 금방 부서질 것 같아
나의 마음은 누군가의 한마디에 금방 어두워져.
작은 것에는 무엇이 있을까?

금방 부서지는 것에는 무엇이 있을까?

어두운 것에는 무엇이 있을까?

⇒ 내 마음은 간장 종지 / 내 마음은 유리

　내 마음은 먹구름

🚩 '~처럼', '~같이'를 사용해 보아요.

길쭉하게 생긴 친구 얼굴은 무엇을 닮았을까?

길쭉한 것에는 무엇이 있지?

⇒ 오이 같은 친구 얼굴

🚩 내 주변의 상황을 묘사해 보세요!

내 방에는 어떤 물건이 있지? 내 방의 침대와 이불은 어떤 색깔이지? 내가 가장 좋아하는 곰 인형은 어떤 크기이고 어떤 색깔이고 어떤 감촉이지?

⇒ 내 방 침대는 옅은 나무색이고 이불은 병아리처럼 노란색이다. 내가 가장 좋아하는 곰인형은 하얗고 복슬복슬한 털을 갖고 있는데 내 몸의 절반 크기여서 안고 있으면 폭신폭신하고 엄마 품에 안긴 것처럼 기분이 좋다.

3. 완독의 즐거움

🚩 목차를 보세요!

어떤 책도 목차 구분 없이 한 덩어리로 뭉쳐 있지는 않습니다. 특히 아이들이 읽는 도서의 경우 읽기 쉽도록 내용별로 소제목이 달려 있습니다. 책 읽기를 부담스러워하는 아이들과 책의 목차를 함께 살펴보세요. 각 소제목별로 읽기 계획을 세워 주시는 것이 좋습니다.

매일 정해진 시간에 정해진 분량만큼 읽도록 해 분량에 대한 부담을 줄여 주는 것이 좋은데요. 아이들은 한 챕터씩 읽어 내면서 넘기는 페이지가 많아지고 마침내 마지막 한 챕터의 마지막 한 장을 넘기면서 큰 성취감을 느낄 수 있습니다.

아이와 함께 책 한 권을 놓고 책 읽기 계획, 전략을 세워 주세요.

읽으라는 말과 함께 "다 읽었어?"를 점검하기보다는 책의 분량과 구성을 파악해 함께 전략을 세워 주는 것이 좋습니다.

🚩 읽기 활동이 어렵다면 함께 소리 내어 읽어 주세요.

초등 중학년이 되면 대부분의 아이들의 독서 활동은 묵독으로 진행됩니다.

유창하게 글을 잘 읽어 넘긴다고 생각하시겠지만, 상당수의 아이들은 꼼꼼하게 독서하지 않고 넘기기도 하죠. 이럴 때 어머님들은 과연 이 아이가 책을 잘 읽고 있는 것인지 의심스러운 마음이 듭니다.

가장 좋은 방법은 함께 책을 읽는 것이겠지요. 책의 분량이 많아지면

매번 함께 읽는 것이 힘들겠지만 한 챕터만이라도 번갈아 음독 활동을 해 보며 독서에 빠져들 수 있는 시간을 만들어 주세요. 엄마의 목소리로 읽어 주는 내용은 아이의 머릿속에 다양한 상상의 영역으로 남습니다.

그리고, 아이의 목소리로 읽어 내려가는 내용 중 혹시 틀린 부분이 있거나 어려운 용어가 있다면 엄마의 설명이 보태지면 더 좋겠지요. 인물의 대사 등은 상황에 맞게 적절하게 연기해 주시는 것도 좋아요. 인물이 느낄 감정과 심리 상태가 엄마의 호흡과 어투에서 느껴질 것입니다. 소설의 내용이 보다 생생하게 전달되면서 아이의 상상의 영역에 하나의 그림이 그려졌다면, 다음 뒷장의 내용이 궁금해 스스로 책장을 넘기게 될지도 모릅니다. 하루에 단 10분이라도 엄마의 목소리와 아이의 목소리가 만나는 음독 독서의 시간을 만들어 보신다면 책에 대한 흥미도는 올라가고 조금씩 읽는 시간이 늘어나게 될 것입니다.

4. 나의 상상과 타인의 상상을 비교해 보아요.

재미있게 읽은 소설이 영화화되었다면 함께 감상해 주세요.

단, 글로 된 소설을 먼저 읽게 하시고, 그 이후에 영화를 보여 주세요.

글을 읽으면서 내 머릿속에 자연스럽게 만들어진 이미지들이 있을 텐데요. 그 이미지와 각색된 영화의 이미지는 어떻게 다른지 비교해야 의미 있는 감상이 될 수 있습니다. 여기에 엄마 아빠의 감상평까지 더해진다면 한 권의 책을 정말 의미 있게 감상했다고 할 수 있겠죠.

❸ 일기 쓰기는 다양한 장르 읽기의 바탕입니다!

- 일기를 쓰면 쉽게 읽혀요!

   생활문을 잘 읽기 위해서는 직접 써 보는 활동이 필요합니다. 사소한 나의 일상과 감정이 손끝에서 글로 완성되는 경험을 한 아이들은 다른 사람이 쓴 생활문도 같은 마음으로 읽어 내려갑니다. 누군가의 생활을 엿보고, 그가 느낀 감정을 공감할 수 있다는 것은 소설 읽기에도 영향을 줄 수 있으며, 수필과 같이 자신의 이야기를 써 내려간 글 읽기에서는 더욱 필수적인 요소입니다.

   같은 상황을 경험했음에도 각자가 느끼는 바는 다를 수 있으며, 같은 소재로 일기를 썼음에도 완전히 다른 시각으로 글을 전개할 수 있는데요. 사물을 바라보는 타인의 남다른 시각을 흥미롭게 바라보고, 나 또한 나의 일기에 이러한 시각을 반영해 보는 것도 좋은 활동입니다. 일상에서 경험하는 소소한 것들을 일기에 직접 써 보는 활동은 다양한 장르의 글 읽기에 분명 도움을 줄 수 있습니다.

   우리의 학창 시절을 돌아보면 학교에서의 글쓰기 숙제가 큰 부담이었던 때가 떠오릅니다. 방학이면 일기 쓰기는 빼놓을 수 없는 큰 과제였죠. 인터넷이 없던 시절이라 일기가 밀리면 친구들에게 수소문해 밀린 날짜의 날씨를 물어보던 기억이 납니다.

   21세기 초등학생들은 이런 일기 쓰기의 부담을 알고 있을까요? 2015 교육 과정 초등학교의 국어과 쓰기 과정에서 1~2학년은 주변

소재에 대한 글이나 겪은 일을 표현하는 글을 쓰도록 하고 있습니다. 이 과정에서 일기는 매우 효과적인 글쓰기 소재가 됩니다. 때문에 저학년의 경우 교사의 역량에 따라 일기 쓰기를 과제로 내주어 글쓰기 연습을 끌어 주기도 합니다.

문제는 일기 쓰기가 저학년에서 그친다는 것입니다. 초등 3학년이 되면서부터 아이들은 학원 숙제에 대한 부담이 커지는데요. 학교에서 내 주는 정기적인 숙제에 글쓰기가 포함된다면 아이들의 부담은 커질 수밖에 없기에 학년이 높아지면서 일기 쓰기가 과제 목록에서 빠지는 경우가 많아집니다.

일기장은 아주 좋은 글쓰기 연습 공간입니다. 간혹 하루의 일정을 그대로 반복해서 나열하는 식으로 일기를 적는 아이들이 있는데요. 이것은 반복되는 하루 일을 기록하는 일일 뿐이지 일기의 역할로서도 쓰기 연습의 역할로서도 올바른 방법이 아닙니다. 일기장을 글쓰기의 연습 공간으로 만든다면 교과서에 등장하는 다양한 종류의 글을 보다 쉽게 이해할 수 있게 됩니다. 그러기 위해서는 아이가 일기 쓰기에 다양한 종류의 글을 활용할 수 있도록 끌어 주는 것이 중요하겠죠.

- 다채로운 표현법을 활용해요

초등 고학년이 되면 비유적 표현의 특성과 효과를 공부합니다. 우리는 일상에서도 다양한 비유적 표현을 활용하고 있는데요. 특히 노랫말에 비유법이 많이 사용되지요. 우리가 비유적인 표현을 쓰는 이유는 전달하려는 바를 좀 더 생생하게 전하기 위해서입니다. 아이들은 어려서부터 다양한 동요 등을 통해 비유적 표현을 접해 왔는데요. 예를 들면 "사과 같은 내 얼굴 예쁘기도 하지요." 같은 표현입니다. 사과의 생김새와 나의 얼굴의 생김새 간의 공통점을 찾아 사과 같은 내 얼굴이라고 직유법을 사용해 표현했습니다.

  사물과 사물 간의 공통점을 찾아 비유적으로 표현하게 되면 어휘력 향상은 물론 창의력도 증진될 수 있습니다. 따라서 일기 쓰기를 할 때 이러한 비유적 표현을 쓰도록 유도하는 것이 좋은데요. 예를 들면, 친구와 싸우고 난 후 폭발할 것 같은 나의 마음을 화산에 비유한다든지, 친절을 베푼 친구의 마음이 따뜻한 호빵 같다든지 하는 식으로 말입니다.

  내가 오늘 느낀 특정 감정과 어떤 물건이나 눈에 보이는 대상 간의 공통점을 찾아 비유적으로 표현하다 보면 문학 작품 속에서 등장하는 다양한 표현법을 쉽게 이해할 수 있습니다. 또한 일기는 특정 사건에서 느낀 나의 감정을 담아내는 글이기 때문에 감정을 표현하는 다양한 단어들도 구사할 수 있게 됩니다.

  일기 쓰기의 효과를 높이기 위해서는 하루 일과의 나열로 쓰기보다는 하루 중 있었던 여러 일 가운데 특정한 하나의 순간을 짚어 내고 거기에서 내가 느꼈던 감정을 표현해 쓰도록 하는 것이 좋습니다. 이러한 방법을 통해 묘사하는 법을 익힐 수도 있는데요. 오늘 점심시간에 나의 식판에는 어떤 음식이 담겼고, 어떤 반찬은 이런 점에서 맛이 있었고, 어떤 반찬은 생김새와 식감이 어떠해서 나의 식욕을 떨어뜨렸다 등으로 오늘 나의 하루 중 특정 순간을 선택해 자세하게 쓰도록 하는 것이 좋습니다.

상황을 자세히 묘사했다면 다음으로 그때의 나의 마음 상태는 어떠했는지 감정을 표현하는 단어를 활용해 구체적으로 적도록 합니다. 이때 "오늘 점심 급식은 엄마의 잔소리처럼 맛이 없었다."처럼 비유적 표현을 활용하면 좋습니다. 일기 쓰기를 통해 비유적 표현과 묘사를 연습한다면 문학 작품 속 다양한 표현들을 능숙하게 읽어 낼 수 있게 됩니다.

- 다양한 종류의 글쓰기

단순한 일기 쓰기 같겠지만, 일기 쓰기의 방법을 다채롭게 바꾸기만 해도 아이들이 교과서에서 만나게 되는 다양한 종류의 글을 읽고 이해하는 데 도움을 줄 수 있습니다.

편지글은 아이들이 상대적으로 쉽게 접하는 글의 형태인데요. 편지글의 형식을 활용해 일기를 쓰면 나 자신을 돌아보고 반성하는 마음을 갖도록 하는 효과가 있습니다. 일기에 쓰는 편지글은 편지를 보는 대상이 '내가' 됩니다. 그러니 나의 오늘 하루를 제3자의 입장이 되어서 돌아보고, 객관화시켜 나의 감정을 정리해 볼 수 있습니다.

"○○에게, 오늘 하루 많이 힘들었지? 그때 너의 마음이 많이 속상했다는 거 알아. 하지만 넌 씩씩한 아이니까 툴툴 털고 내일은 아무 일 없었던 듯이 잘 해내리라 믿어." 이런 식으로 편지글을 통해 나의 하루를 정리하다 보면 세상을 바라보는 관점도 달라질 수 있겠죠.

사실 편지글은 학교에서 많이 접하는 글쓰기 형식이지만, 아이들이 일상에서는 많이 활용하지 않는 글쓰기이기도 합니다. 지금의 학부모님들이 어렸을 적을 생각한다면 편지 쓰기는 좋아하는 친구나, 언니, 오빠, 애인에게 마음을 담아 전달했던 유용한 수단이었습니다. 잘 써서 전달하고 싶은 마음에 여러 번 수정하고 연습장에 적어 다시 예쁜 편지에 옮겨 적을 만큼 정성을 다했던 글쓰기였던 것이죠. 그때의 감성을 이해하는 분들에게 편지 쓰기는 추억이자 매우 유용한 글쓰기 연습이었습니다. 그러나 지금의 아이들에게 편지 쓰기는 어버이날, 스승의 날처럼 특별한 날 학교에서 내주는 과제형 글쓰기에 지나지 않습니다. SNS에 익숙한 지금의 아이들에게 편지 쓰기는 예전처럼 마음을 담아 쓰는 진짜 의사소통 수단은 아니지만, 여전히 유용한 글쓰기 연습 형식입니다. 일기 쓰기에 나에게 쓰는 편지 쓰기 혹은 읽은 책에 대한 감상문을 주인공에게 쓰는 편지 쓰기 형식으로 써 보게 하면 어떨까요?

편지글 형태로 일기를 작성해 보았다면 이번엔 기행문 형식도 좋습니다. 엄마 아빠와 함께 간 여행을 소재로 일기를 쓰는 것인데요. 어디를 거쳐 어떤 곳을 돌아보았는지 여행의 경로를 적도록 하고, 그 여행지에서 보고 들은 것은 무엇인지 그리고 그 보고 들은 내용으로 인해 내가 새롭게 알게 된 것이나 느낀 점은 무엇인지 적도록 하는 것입니다. 기행문의 요소인 여정, 견문, 감상이 잘 드러나도록 유도하는 것이 좋겠죠.

관찰 일기도 일기 쓰기에 좋은 소재가 되는데요. 매일 반복되는 일상

속에 쓸 소재가 없다고 투덜대는 아이가 있다면 내 주변 가까이에 있는 어떤 물건이든 상세하게 적어 보도록 합니다. 매일 손에서 놓지 않고 있는 휴대 전화를 보고 이 휴대 전화가 나와 얼마나 오랫동안 함께 했는지 간단히 소개하고 어떤 모양인지 글만으로도 그 모양이 떠오르도록 자세히 묘사하도록 합니다. 눈앞에 보이는 사물을 그리는 것보다 글로 표현하는 것이 훨씬 어렵습니다. 정확하게 묘사하기 위해서는 '둥그스름하다, 넓적하다, 매끈하다' 등 우리말의 다양한 형용사들을 활용하는 것이 좋은데요. 때문에 묘사하기 연습은 아이들의 어휘력 향상에도 큰 도움을 줄 수 있습니다.

독서 일기도 활용하면 좋을 일기 쓰기 형식인데요.

"나는 오늘 어떤 이유로 이 책을 읽게 되었는데, 이 책은 어떤 내용을 담고 있다. 나는 특히 어떤 부분이 인상 깊었는데 그 이유는 무엇 때문이다. 나도 책 속의 주인공처럼 예전에 비슷한 경험을 한 적이 있는데, 그래서 주인공의 상황에 공감할 수 있었다. 나는 이 책의 어떤 점이 어떠어떠하게 느껴졌다."

이런 식의 독서 일기는 중학년에서 요구하는 독서 감상문 작성에 큰 도움이 됩니다. 일기는 나의 이야기를 하는 공간입니다. 책의 내용과 나를 연결하는 연습은 독서 활동에도 큰 의미를 부여합니다.

기행문, 편지글, 감상문 등의 다양한 형식의 글쓰기를 일기에 적용하면 당연히 이러한 종류의 글을 읽고 이해하는 데 큰 도움이 될 것입니다.

- 글의 형식을 간파하라!

　일기에 다양한 종류의 글을 적용시키려면 당연히 특정 글의 형식을 익혀야겠죠. 다양한 글에 대한 능숙한 독자가 되기 위해서도 글의 형식을 익히는 것은 무엇보다 중요합니다. 편지글은 받는 사람과의 인사로 시작해 본문에서 편지를 쓴 목적과 내용을 적고, 끝맺음으로 끝인사와 편지를 쓴 날짜, 보내는 이를 적도록 합니다.

　기행문은 도입 부분에는 여행의 동기와 목적, 누구와 언제 어디로 갔는지 여행지에 대한 간단한 소개가 들어가고, 본문에서 여정-견문-감상 등 기행문의 3요소를 순서에 맞춰 작성하고요. 마무리로 전체 여행에 대한 총평과 느낀 점을 쓰도록 합니다.

　독서 감상문은 다양한 형식이 있지만, 초등 과정에서는 처음 부분엔 책을 읽게 된 동기와 간단한 책 소개가 들어가고 본문에서 간단하게 줄거리를 요약하고, 내가 인상 깊게 읽었던 장면과 이유를 쓰도록 합니다. 또한 내가 만약 주인공이었다면 어땠을까 등 나와 책의 내용을 연결 짓도록 하는 것이 좋습니다. 끝으로 책에 대한 전체적인 느낌을 적어 마무리하도록 합니다.

　형식이 정해진 글들은 직접 써 보게 하는 것만으로도 독해에 큰 도움을 줄 수 있습니다. 기행문, 편지글, 감상문 등 다양한 글의 종류를 편안하게 읽어 내게 하려면 다양한 글의 종류를 반영한 일기 쓰기를 적극 추천합니다.

편지글, 기행문, 감상문 등의 글을 잘 읽기 위한 학습 TIP!

일기를 써 보아요!

기억에 남는 한 가지 일을 자세히 쓰기	하루에 있었던 일을 순서대로 나열하기보다는 기억에 남는 한 가지 일을 자세하기 쓰도록 합시다!
육하원칙 활용하기	자세하기 쓰기 위해서는 언제(When), 어디에서(Where), 누가(Who), 무엇을(What), 왜(Why), 어떻게(How) 여섯 가지가 다 들어가도록 쓰는 것이 좋습니다.
생생하게 표현하기	1. " " 대화글을 사용해 보세요. 2. '~같이' '~처럼'과 같은 비유적인 표현을 사용해 보세요. 3. '후루룩, 철썩, 훨훨'과 같은 흉내 내는 말을 사용해 보세요.
느낌 표현하기	그때 그 순간 내가 느꼈던 감정을 감정 단어를 활용해 자세히 적습니다.
다양한 종류의 일기 쓰기	관찰일기 - 내 주변의 물건 관찰해서 설명하는 글쓰기 독서일기 - 내가 읽은 책을 나의 경험과 연결지어 쓰기 기행문형 일기 - 견문, 여정, 감상이 들어가는 글쓰기

2. 중·고등은 어떻게 읽어야 할까요?

❶ 시를 읽어야 할 이유 찾기가 먼저!

- 우리는 시가 싫어요!

"선생님, 우리 아이는 시를 잘 못 읽어요. 짧은데도 그 내용이 무슨 말인지 몰라서 많이 틀려요."

수능 준비를 위해 아이들은 시를 읽고 공부합니다. 그러나 병규 어머니의 말처럼 많은 아이들이 시를 읽는데도 무슨 말인지 잘 모른다고 이야기합니다. 심지어 아이들 또한 '시를 왜 읽어야 하는지 모르겠다.' '다른 사람 마음을 적은 것이 시라고 하는데 왜 내가 그 사람의 마음속에 있는 감정을 알아야 하는지 모르겠다.'라며 시 읽기는 불필요하다고 생각합니다. 자연물을 보면서 혹은 어떤 현상이나 사람 등을 보면서 느낀 순간순간의 감정이나 다양한 생각을 적은 것이 시라면 굳이 생활에서 필요하지도 않은 것 같은데 알아야 하고 읽어야 할 이유가 있는 걸까 하는 물음은 아이들 마음에 자리 잡고 있는 듯합니다. 물론 시와 소설을 즐기고 문학을 사랑하는 아이들 또한 많습니다. 하지만 문학을 즐기는 것을 일반화하기에는 분명 어려움이 있어 보입니다. 아이들은 초등학교 시기까지는 교과서를 통해 동시를 만나고 때로는 독서 토론이나 논술 수업 등의 사교육으로 경험하면서 동시집을 읽기도 합니다. 그러나 중학교에 입학한 아이들이 시집을 스스로 찾아 읽는 경우는 드뭅니다. 만약 나의 아이가 시집을 끼고 읽고 있다면 부모들은 왜 시를 읽으며 시간을 낭비하느냐고 오히려 타박하기도 합니다. 학업과는 별개로 치부되는 시집. 하지만 정말 그럴까요?

스스로 좋아하는 시인이 없다는 아이들, 시집을 스스로 사서 손에 쥔 적이 없는 아이들이 시를 만나는 방법은 교과서입니다. 교과서와 수능 학습서에 게재된 시들을 보고 시와의 첫 만남을 시작하게 되는 것이지요. 우리 아이들은 인간의 미적 향유물이라고 할 수 있는 시를 입시 교육의 현장 속에서 만나고 경험합니다. 때문에 시는 문제 풀기를 위해 독해하는 또 다른 장르의 영역으로만 치부하기 일쑤지요. 이런 아이들에게 시를 즐기라고 문학을 즐기라고 이야기하기에는 어려움이 있어 보입니다.

미적인 체험이 부족한 아이들은 시를 인간의 정서를 표현한 장르로, 예술로 접하기보다 속뜻을 외우고 기억하는 암기로 접하기 때문이겠지요. 하지만 그렇다고 해서 교과에서 다루는 시의 표현 방법과 운율적인 형식을 학습하는 것이 시를 읽는 데 있어 한계를 정해 주거나 시를 싫어하게 만든다는 뜻은 아닙니다. 시를 읽는 데 있어서는 시가 만들어지며 갖추게 되는 형식적 요인에 대한 이해 또한 중요하니까요. 단, 시를 아이들과 함께 읽는 데 있어 전제해야 하는 것이 있습니다. '우리가 왜 시를 쓰고 있으며 읽는가' 하는 문제이지요.

아이들의 국어 교과서에는 '학습 목표'가 있습니다. 물론 학습 목표에는 시의 효용성을 비롯하여 시를 통해 무엇을 얻을 수 있는지에 대해 제시하고 있지요. 또 그 이해를 바탕으로 아이들은 시의 형식을 학습하고 익혀 그 시를 풀이해 나가는 방법을 익힙니다. 하지만 아이들은 학습 목표의 의도와는 다르게 전적으로 정답을 맞추기 위한 해석, 문제 출제자인 교사의 풀이에 기준을 둔 읽기를 할 뿐입니다. 교사의 풀이가 아닌 것은 틀린 해석이라고 생각하고 중고등학교 내신 시험을 통해 그 해석에 대한 정답을 찾는 방식이 시 읽기가 되는 것이지요. 결국 아이들에게 시 읽기는 시를 분석하고 해체하여 그 형식을 발견하고 그 안에서 옳고 그른 것이라는 정답을 찾는 방식만을 학습하게 되어 시에 대한 불편한 고정 관념이 생기게 되어 버립니다.

- 우리 아이들은 왜 시를 읽어야 할까요?

앞서 이야기했듯이 학습 목표에서는 이미 시를 접했을 때의 효용성과 그 필요성에 대해 언급하고 있습니다. 문제는 그 학습 목표를 상당

수의 아이들은 신경 쓰지 않는다는 사실입니다. 중고등학교의 문학 교과의 평가가 그런 편견을 만들어 내고 문학에 대해 거리를 두게 만들지도 모릅니다. 하지만 그렇다고 우리나라 교육 과정에서 문학의 평가 방법을 전면적으로 당장 수정해야 하는 것만이 대안이라고 하기에는 분명 무리가 있고, 지금 시 읽기가 어려운 아이들을 돕는 해답도 되지 않습니다. 때문에 공교육, 사교육장의 국어 교사와 독서 교육을 담당하는 교사, 부모가 함께 왜 시를 읽어야 하는지에 대해 당위성을 함께 토론하고 나누는 것이 선행되어야 합니다.

시는 인류가 탄생했을 때부터 인간의 감정을 표현한, 인간을 이해하는 데 가장 중요한 매체였습니다. 현재를 사는 아이들은 당장 시를 읽지 않아도 모든 것을 소통하고 나눌 수 있으므로 이에 동의하기 어려울 수도 있습니다. 그렇다면 하나의 예를 들어 보죠.

龜何龜何 (귀하귀하)
首其現也 (수기현야)
若不現也 (약불현야)
燔灼而喫也 (번작이끽야)

거북아 거북아
머리를 내어라.
내놓지 않으면
구워서 먹으리.

「구지가」 한역 풀이에서는 거북을 호명하며 집단의 소망을 바라고 있습니다. 가락국 시조인 김수로왕의 강림 신화에 삽입된 이 노래는, 소망을 빌었던 당시 민족의 마음을 엿볼 수 있지요. 부족 국가로 국가의 체계가 완전히 성립되기 이전의 사람들은 부족 혹은 국가의 기틀을 마련해 줄 리더를 간절히 바랐습니다. 부족 중심의 시대, 도덕과 윤리, 국토의 영역 또한 명확하지 않은 시대에 타 부족으로부터 자신을 지켜 줄 대표자를 기대하는 마음은 정말 간절한 바람이었을 것입니다. 이는 현재에도 통용되는 이야기입니다. 우리 또한 대통령 선거를 할 때, 지역의 국회 의원이나 대표자를 선출할 때 정치적으로 안정을 가져다 줄 리더를 바라며 그런 후보자가 나타나길 바라니까요.

우리가 이 부족 국가 시대 민족의 감정을 알 수 있었던 것은 바로 「구지가」라는 시가 남아 있었기 때문입니다. 우리 민족의 원초적 삶의 모습을 엿볼 수 있는 가장 직접적인 방법이 문학이며 그 근원이자 시작은 '시'라는 것이지요. 정보로 과거의 역사를 받아들이고 이해하는 것과 시를 통해 민족의 구체적인 단면, 그것도 그들의 내면을 들여다보는 것은 큰 차이가 있습니다. 시로 바라본 민족의 내면은 인간의 이해라는 부분과 맞닿아 있습니다. 인간이기 때문에 느꼈던 갈등과 감정을 담아 표현한 것. 이것이 시이기 때문이지요. 만약 중고등학생들이 '인간에 대한 이해를 위해 시를 읽어야 한다'라는 주제로 토의를 한다면 어떨까요? 동의하건, 동의하지 않건 아이들 나름의 논리로 시를 고민하게 될 것입니다. 그리고 이러한 내적 탐색의 시간을 통해 아이들은 시에 대해 나름의 결론을 낼 것입니다.

- 우리 아이들은 어떻게 시를 읽어야 할까요?

아이들이 시를 어렵게 느끼는 이유는 여러 가지가 있을 수 있습니다. 연과 연 사이의 관계가 파악이 안 되어서, 행간 사이의 간극을 이해하기가 어려워서, 시어의 의미가 파악이 안 되어서. 다양한 이유로 시를 낯설고 불편하게 느끼지요. 그런데 실제로 가장 큰 이유는 시를 편하게 서사성이 있는 글처럼 쉽게 받아들이려는 데 있습니다. 시를 이해하기 위해서는 시적 대상에 대한 이해가 필요하며, 표현되지 않은 간극을 상상하며 독자의 사고와 판단으로 시적 의미를 고려하고 이해해야 하는데, 아이들은 그러한 수고로움을 귀찮아 하고 그것을 어렵다는 말로 대신합니다. 난해한 시적 언어들의 나열을 스스로 취합하여 감정을 헤아리고 의미를 생각하는 것을 무조건 밀어내기 때문이지요. 이것은 마치 웃음 포인트까지 적어 주는 쉬운 자막에 의지해 예능 프로그램을 보고 박장대소하며 즐거워하는 것과 같습니다. 지루할 수도 있는 영화를 보며 깊이 생각하지 않는 태도와 다르지 않습니다. 즉, '생각하는 것'을 기피하는 현상이 시를 더욱 어렵고 싫다는 고정 관념으로 자리 잡게 하는 것이지요.

시를 마주했을 때 가장 먼저 깨어야 할 것은 바로 이런 선입견입니다. 스스로 시를 읽고 자신의 힘으로 이해하고자 하는 노력하는 마음이라고 할 수 있습니다. 이러한 태도를 우선 갖췄다면 시를 접할 때 한결 불편한 감정이 덜 수 있겠지요. 생각할 준비를 하는 것. 이것이 바로 시를 읽는 첫걸음입니다.

- 형식은 시적 발견을 유도한다

지연이는 시를 읽을 때마다 묻습니다.
"내 맘대로 시를 읽으면 왜 안 되나요? 읽는 사람이 느끼고 싶은 대로 느끼면 되는 것이지 굳이 시인의 의도를 파악하며 읽어야 하는 이유가 뭔가요? 내가 느껴지는 대로 읽으면 문제의 정답을 못 찾기 때문인가요?"

지연이의 말처럼 시를 자유 연상을 좇아 해석하고 읽는 것이 옳지 못한 방법이라고 이야기할 수는 없습니다. 시 한 구절에 감동을 받았다면 감동을 준 시행을 곱씹으며 언어의 미학을 즐길 수도 있지요. 하지만 독자가 시를 읽고 느끼는 것에 한정해 시를 읽는다면 시가 피상적으로 읽히기 쉽습니다. 각자의 선지식의 범주 내에서만 판단하기 때문에 시를 읽는 것 자체도 그 이상으로 고민하고 생각하려 들지 않을 수 있습니다. 어쩌면 시 세계와 공감하는 것에 한계가 정해질 수도 있다는 말이 되겠지요. 그렇다면 시 읽기로 독자가 생각하지 못한 것에 대한 발견은 어떻게 나아갈 수 있을까요.

시 형식에 대한 학습이 이루어졌던 이유는, 바로 이러한 점에서 의미를 발견할 수 있습니다. 단순히 시의 형식을 외우고 기억하는 교육으로만 받아들였다면 분명 그러한 학습의 폐해로 시의 발견이 학습으로 연장되어 불편함을 느낄 수도 있습니다. 하지만 시 읽기를 더 효율적으로 하기 위한 나의 선지식을 넘어서는 발견을 유도하는 발판이라고 생각한다면 시의 형식도 친절한 나침반이 될 수 있습니다.

중고등학생이라면 교과서 어디에선가 만난 적이 있는 시, 이형기의 「낙화」는 꽃이 떨어지는 상황을 이별 상황에 비유해 설명하고 있습니다. 그런데 만약 아이들이 표면적으로 시를 읽었다면, 꽃이 떨어지는 과정을 어떻게 느낄까요? 시어의 내적 의미는 생각하지 않고 슬프다고 느끼며 시를 감상하는 것은 아닐까요? 그렇다면 만약 형식을 발판 삼아 시 읽기를 시도한다면, 어떻게 읽을까요? 적어도 아이들은 '봄 한철 격정을 인내한 나의 사랑'이라고 말한 화자의 사랑에 대해 고민하게 될 것입니다.

1연에서 화자는 '가야 할 때를 알고 가는 이의 모습은 아름답다'고 말합니다. 꽃이 떨어지는 장면을 아름답게 바라보는 화자는 2연에서 '나의 사랑'을 '꽃'으로, 표현했다는 것을 찾아낼 수 있겠지요. 그리고 4연의 '나의 청춘'이 2연의 격정적으로 피었던 '꽃'과 동일한 존재라는 것도 눈치챌 수 있습니다. 뜨거운 청춘을 보낸 이의 삶이라는 것을 생각할 수 있을 것입니다. 표현법을 도구 삼아 시 읽기를 한 아이들은 낙화가 비단 꽃이 떨어지는 표면적 의미뿐만이 아니라 우리 삶의 한 부분과 닮아 있다는 공통점을 찾아내는 것이지요. 게다가 이 시의 하이라이트라 할 수 있는 '결별이 이룩하는 축복'이라는 표현을 마주한 순간, 보이는 의미로만 바라본다면 결별이 꽃이 떨어진다는 것인데, 이것이 왜 축복인지 논리적으로 이해하기 어렵습니다.

물론 다음 연에서 꽃이 떨어진 다음 이어질 녹음과 그 후 맺어지는 열매를 연결하여 자연의 순환으로 생각하여 결실을 준다고 생각할 수도 있습니다. 그러나 이러한 인과성으로 시를 읽는 것과 모순의 속성을 이용하여 시인이 의도적으로 '결별=축복'으로 연결하였다는 '역설'을 이해하고 시를 읽는다면, 시인이 결별을 슬프게 전하는 메시지가 아니라는 것을 알 수 있습니다. 역설로 표현된 시행은, 단순히 자연의 순서에 따라 얻게 되는 결실의 의미를 넘어 시인의 결별에 대한 강한 긍정의 목소리를 느끼게 하고 문학적 매력 또한 느끼게 합니다.

또 마지막 연에서 '나의 사랑', '나의 결별'이 만발하게 꽃 피웠던 누군가의 '뜨거웠던 삶의 순간'이라고 생각하기에도 힘듭니다. 마지막 행의 '내 영혼의 슬픈 눈'이라는 구절을 통해 그 시간을 보냄을 슬픔으로 생각하고 '샘터에 물 고인 듯 성숙하는'이라는 수식의 표현이 어떤 영향을 주는지 생각하지 못할 수도 있습니다. 격정의 순간을 보낸 꽃도 또 그런 시간을 보낸 누군가의 삶도 떠나보내는 입장에서는, 눈에 눈물이 맺히기 마련입니다. 마치 샘터에 물 고였다는 표현처럼 눈 안에 가득 눈물이 맺히는 것이지요. 한편 비유적인 표현의 기교를 이해하였다면 '성숙하는'이라는 시어를 통해 이러한 시간이 자신의 삶과 이별하는 과정에서 성숙함을 이루게 되었다는 것 또한 알아채는 순간이 되겠지요.

이렇게 시의 형식은 새로운 발견으로 나아가게 합니다. 그 순간을 경험하는 시 읽기는 도리어 큰 울림을 주어 문학의 즐김으로 나아가게 도움을 주는 것이지요. 그러기 위해서는 그림을 감상할 때 기초적인 지식을 바탕으로 그림을 감상하여 그 세계에 더 공감하고 공유할 수 있는 것처럼, 중고등학교의 교과에서 학습한 시의 형식을 충분히 활용하여 시를 읽는 연습을 해 보는 것이 중요합니다. 시 형식을 자신이 충분히 학습하고 암기하여 인지하고 있다고 하더라도 시 읽기를 스스로 시도하지 않는다면, 시의 형식만을 알고 있는 사람일 뿐 시를 제대로 읽고 있다고는 말하기 어려울 것입니다.

- 시는 사진이다

시를 읽다 보면 아이들이 하는 가장 많은 질문이 '왜 이런 말을 지금 해요?'입니다. 아이들은 시를 서사성이 있는 글, 즉 인과적 관계로 이해하려 한다는 것을 알 수 있습니다. 연과 연 사이의 간극으로 발생하는 휴지, 행과 행 사이의 휴지를 아이들은 설명되지 않았기에 불편하다고 느낍니다. 시 읽기로 경험하는 공란을 자신의 연상과 상상력으로 채우기보다 설명되는 말로 따져 판단하려는 습관이 있기 때문입니다.

이런 아이들에게 가장 효과적인 전달은 '시는 사진과 같다'입니다. 만약 제주도 여행을 한다면, 여행지를 다니며 사진을 찍어 추억을 남깁니다. 주상절리의 아름다움을 담아 한 컷 남기고 애월의 아름다운 해변을 배경으로 사진을 남기고 청량한 하늘이 돋보이는 오름에 올라 사진을 남깁니다. 각각의 사진을 나열해 놓고 보면 우리는 그 사진이 제주도의 추억을 담았다는 것을 알 수 있습니다. 그렇다고 그 주상절리와 해변의 사진, 오름의 풍경이 인과적으로 연결되는 것은 아닙니다. 시 또한 1연과 2연 그리고 3연, 4연이 모두 각각의 사진입니다. 시인은 각 연마다 표현하고자 하는 순간을 다양한 감각으로 형상화합니다. 시각적으로 표현하여 그 장면이 그려지게 하기도 하고 다른 연에서는 소리가 들리는 것처럼 표현하기도 합니다. 각각의 연들이 반드시 유기성을 지니며 설명되는 것은 아니라는 것이지요.

향수

정지용

넓은 벌 동쪽 끝으로
옛이야기 지줄대는 실개천이 휘돌아 나가고
얼룩백이 황소가
해설피 금빛 게으른 울음을 우는 곳

그곳이 차마 꿈엔들 잊힐 리야

질화로에 재가 식어지면
빈 밭에 밤바람 소리 말을 달리고
엷은 졸음에 겨운 늙으신 아버지가
짚베개를 돋아 고이시는 곳

그곳이 차마 꿈엔들 잊힐리야

> 흙에서 자란 내 마음
> 파아란 하늘빛이 그리워
> 함부로 쏜 화살을 찾으려
> 풀섶 이슬에 함추름 휘적시던 곳
>
> 그곳이 차마 꿈엔들 잊힐리야.
>
> (중략)

고1 교과서에 소개된 바 있는 정지용 시인의 「향수」입니다. 이 시는 고향에 대한 그리움을 담았습니다. 1연에서는 고향의 벌판과 실개천을 묘사하며 평화로운 고향의 풍경을 떠오르게 합니다. 2연에서는 겨울철 짚베개를 베고 얇은 잠이 든 아버지의 모습을 표현하여 아버지가 계신 고향의 그리움을 그려 내었습니다. 3연에서는 과거 화자의 어린 시절을 떠올리며 놀던 순수했던 시간을 그리워하고 있습니다. 각 연들은 그 어떤 내용의 유기성이 존재하지 않습니다. 단지 '고향의 그리움'이라는 감정을 형상화하여 시각적으로 떠오르게 할 뿐입니다. 시를 읽을 때 개연성을 따지지 않는 것. 시 읽기의 자유로움에 빠질 수 있는 방법입니다. '왜 갑자기 짚베개를 베고 누운 아버지의 장면이 시인은 말하지? 그리고 이어서 왜 내 마음을 이야기하는 것이지?'라며 혹시 시를 읽으며 시의 상황에 대해 동의가 되지 않아 반문한 적은 없나요? 이는 시의 장면 장면을 이어 하나의 서사로 만들려는 습관입니다. 「향수」라는 시에서 시인은 고향을 떠올렸을 때 사진처럼 스쳐 가는 장면을 나열하였을 뿐입니다. 거기에는 어떤 개연성이 존재하지 않습니다. 단지 자신의 추억이 있을 뿐이지요. 시인의 고향에 대한 그리움이 이해가 되지 않는다면, 자신이 다녀온 여행지 중 가장 좋았던 곳을 하나하나 떠올려 보세요. 그 장면은 아마도 사진처럼 조각난 기억일 것입니다. 자신의 마음에 감흥을 일으키고 감정의 파동을 일으킨 그 순간은 논리로 설명할 수 있는 것이 아닙니다. 그러니 절대 시를 서사로 이해하지 마세요.

- 마음을 드러내는 서술어에 주목해라

"주어, 목적어, 서술어 중 문장에서 가장 중요한 역할을 하는 성분은 무엇일까요?"

이런 질문을 하면 많은 학생들은 '주어'라고 이야기합니다. 주어는 문장에서 행동하는 이의 주체를 말하는 것이므로 가장 중요하다는 것이지요. 하지만 실제로 시에서는 서술어가 가장 중요합니다. 서술어에는 주체의 행동에 대한 정보도 주체의 감정도 드러나기 때문입니다. 시에서도 이는 마찬가지입니다. 시 읽기에서 가장 주목해서 읽어야 하는 것이 바로 '서술어'입니다. 서술어에는 감정을 표현하는 말이 곧잘 등장합니다. 감정을 표현한 말들을 통해 주체의 감정을 헤아리고 시 전체의 분위기와 정서를 이해하는 데 도움을 얻을 수 있지요.

  서술어를 통해 알게 된 시인의 감정은 시를 이해하는 데 중요한 포인트가 됩니다. 물론, 서술어 이외에도 시적 화자와 시적 상황을 이해하는 것도 중요합니다. 그렇다면 여기서 한 가지 발견이 됩니다. 바로 3ㅅ(세 가지 시옷)입니다. 시를 읽을 때 시적 화자, 시적 상황, 서술어. 이렇게 세 가지를 먼저 찾아볼 것을 권합니다.

가는 길

김소월

그립다
말을 할까
하니 그리워

그냥 갈까
그래도
다시 더 한번……

저 산에도 까마귀, 들에 까마귀
서산에는 해 진다고
지저귑니다

> 앞 강물, 뒷 강물
> 흐르는 물은
> 어서 따라오라고 따라가자고
> 흘러도 연달아 흐릅디다려

　우리나라 국민 서정 시인 김소월의 「가는 길」입니다. 가는 길에서 서술어를 찾아보도록 합시다. '그립다, 말을 할까, 하니 그리워' 1연의 시작에서 화자는 자신이 감정 폭탄을 터트립니다. '그립다'고 말을 하고는 한참을 망설이다 '말을 할까' 다시 고민하는 화자의 모습을 긴 휴지로 표현하여 그리운 이를 보내고 싶지 않은 마음이 읽는 이에게 고스란히 전달됩니다. 그리고 3행에서 다시 '하니 그리워'라며 님에 대한 그리움의 증폭을 더욱 크게 느끼게 합니다. 이 망설임은 2연에서도 이어집니다. '그냥 갈까'라며 이별을 결심하지만 '다시 더 한번'이라며 또 다시 이별을 망설입니다. 서술어는 어떤 성분보다 화자의 정서를 고스란히 전하기 좋습니다. 시를 읽기 어렵다면 일단 서술어를 중심으로 시를 읽어본다면 그 마음을 헤아리는 데 1차적으로 도움을 얻기 좋습니다.
　물론 서술어에 감정어가 노출되지 않는 경우도 있습니다. 이런 경우는 시어의 속성에 주목할 필요가 있습니다. 시어들이 어떤 분위기를 띠는지 시어들의 나열로 시 전체의 분위기는 어떻게 나타나는지 살펴본다면 한결 시를 쉽게 접근할 수 있으리라 생각합니다.
　시의 정서를 파악하는 것은 결국 상황에 대한 이해입니다. 상황에 대한 이해는 서술어를 비롯한 시어를 통해 자연스럽게 노출됩니다. '분노, 기쁨, 슬픔' 등의 감정어를 나열한다고 하여 시가 되는 것은 아니기 때문입니다. 시는 분노와 기쁨과 슬픔과 그리움을 보여 주기 위해 상황을 만들고 그 상황을 통해 감흥을 일으키는 순간을 포착한 사진입니다. 시를 읽을 때 사진 한 장을 한참 들여다보듯 시로 형상화된 순간에 집중한다면 시 읽기가 쉽지는 않아도 한결 가벼워질 것입니다.

🔍 중등 시 감상 핵심 포인트 짚어 보기!

🔎 **하나!** 시 감상에는 원래 정답이 없어요. 정답 찾기를 위한 시 읽기는 멈춰 주세요!

🔎 **둘!** 시는 인간의 감정을 전달하는 도구입니다. 시가 인간에게 왜 필요한지 아이와 함께 토의의 시간을 가져 보세요!

🔎 **셋!** 머리가 아닌 마음으로 시를 접하도록 해 주세요. 한 줄 한 줄 곱씹으며 단어의 깊이를 스스로 음미하도록 반복해서 읽어 주세요!

🔎 **넷!** 시를 즐기기 위한 도구로 시의 형식적 요소를 활용하세요! (비유법, 역설, 반어법 등)

🔎 **다섯!** 시를 인과적 관계로 보지 말고 한 줄 한 줄을 한 장의 사진처럼 생각하세요. 시인의 표현이 어떻게 머릿속에 그려지는지 느껴 보세요.

🔎 **여섯!** 서술어에 주목하세요! 시인의 정서가 담기는 중요한 포인트가 되니까요!

🔍 중등 시 감상을 즐겁게 하려면?

🔎 **하나!** 시와 어울리는 사진을 찾아보세요. 시는 다양한 감각이 활용되지만 그중 시각은 모든 감상에 있어 기본입니다. 사진을 찾아 시와 어울리는 장면을 연결 지어 생각을 넓혀 보세요.

🔎 **둘!** 시를 쓴 작가에 대해 알게 된다면 시의 시계를 좀 더 폭 넓게 이해할 수 있어요. 작가에 대한 정보를 좀 더 찾아 읽어 보고 작가의 시선으로 마음을 따라가면 새로운 시 읽기가 가능합니다.

🔎 **셋!** 자신이 좋아하는 시를 한 편 정해 보세요. 자신에게 울림을 주었거나 표현이 아름다운 시가 있다면 정해 그 이유도 생각해 봅니다.

🔎 **넷!** 자신이 시인이 되어 써 보도록 해요. 다른 생물이나 사물이 되어 그 입장에서 시를 써 본다면 새로운 발견을 할 수 있을 거예요.

❷ '누가, 어디서, 무엇을 말하는가'에 집중하라!

- 무엇을 말하는지 무슨 상황인지 모르겠어요!

아이들은 문학을 좋아할까요? 좋아한다면 어떤 장르를 좋아할까요? 아이들은 좋아하는 책으로 소설을 꼽습니다. 학급 내에서 남녀의 감정을 다룬 말랑한 이야기를 읽는 것을 보거나 친구 간의 우정과 감정을 소재로 한 이야기를 읽는 아이를 쉽게 볼 수 있지요. 또 어떤 아이들은 무협지나 판타지를 좋아해 줄곧 해리포터 시리즈와 같이 연작을 읽는 것도 종종 볼 수 있습니다. 이렇게 우리 아이들은 저마다 자신들이 좋아하는 이야기, 문학을 취합니다.

"선생님, 우리 아이는 어릴 때 책을 많이 읽었어요. 해리포터를 몇 번이나 읽었는지 몰라요."

그런데 이상한 일입니다. 어릴 때 책을 많이 읽었는데도 중고등학교 수업 시간에 하는 소설 내용이 파악하기 어렵다고 말합니다. 어릴 때부터 수십 권씩 그림책을 부모가 읽어 주고 스스로 책을 읽을 나이가 돼서는 구미가 당기는 책을 읽어 왔는데, 왜 아이들은 교과에서 배우는 소설을, 수능에서 다루는 서사 장르의 글을 어려워하는 것일까요? 무엇을 제대로 읽지 못하는 걸까요? 그래도 중학교 때까지는 상황이 괜찮습니다. 다른 국어 수업은 몰라도 소설을 함께 읽는 시간만큼은 아이들은 흥미롭게 수업에 참여하는 모습도 곧잘 보입니다. 하지만 고등학교로 진학할수록 소설을 읽었는데도 아이들은 글을 읽고도 내용을 전혀 이해하지 못합니다.

최인자[6]의 연구에 따르면, "문학 독서는 상황 맥락과 사회 문화적 맥락으로 구분하여 이해할 수 있습니다. 작품의 인물 해석은 그 공동체가 공유하는 사회 문화적 정체성과 직접 관련되어 있고 또 교사의 작품 해석과 교실 내 상호 작용 방식에 따라 영향을 받는데, 과거의 시간을 접하는 이야기는 특히나 현재의 아이들이 감정과 상황을 공유하고 이해하기 힘들다."라고 하였습니다.

연구자의 말에 따르면, 소설을 읽고도 이해가 어려운 아이들의 문제는 사회 문화적 맥락에 대한 이해의 부족하다는 뜻입니다. 아이들이 즐기고 흥미로워하는 이야기들은 대체로 공통점이 있는데, 주로 나의 이야기, 내가 공감할 수 있는 정서와 일상을 다룬다는 것입니다. 물론 판타지 소설의 경우 내가 경험하지 못하는 세계를 묘사하고 그 배경으로 서사를 진행하지만 인물의 내면은 청소년 독자들이 충분히 헤아릴 수 있는 공감대를 형성하고 있지요. 때문에 아이들이 내가 살고 있는 시대와는 동떨어져 있더라도 내용에 흥미를 가지고 읽는 것은 어렵지 않습니다. 그러나 학습으로 만나는 소설과 수능에서 다루어지는 소설은 시대에 따른 정서를 이해하기에는 거리감이 있습니다. 학습을 통해 만나는 소설의 공통점은 아이들이 사는 세계와는 다른 경험을 제공합니다. 사회적 배경이 일제 강점기를 배경으로 민중들의 삶을 묘사한 『운수 좋은 날』, 『봄봄』부터 전쟁과 이데올로기, 전쟁 후 사회적으로 혼란한 시

---

6 최인자, 「문학 독서의 사회·문화적 모델과 '맥락' 중심 문학 교육의 원리」, 문학교육학 제25권, 2008.

대를 배경으로 한 『수난이대』, 『오발탄』, 독재 정권 시대를 배경으로 한 『우상의 눈물』, 『아우를 위하여』처럼 다수의 작품들은 아이들이 경험하지 못한 과거의 역사와 맞닿아 있습니다. 아이들은 흥미롭고 자신을 대입하여 쉽게만 읽어 왔던 소설과는 결이 다른 것이지요. 그렇기 때문에 청소년들이 살고 있는 현재와 소설 내 시간의 낙차를 좁혀 인물들의 정서, 처한 상황을 파악하는 사회 문화적인 선지식이 필요합니다. 하지만 학생들은 이 순간, 문학을 즐기는 것이 아니라 공부로 느끼기 시작합니다.

또 교실 내에서 문학을 해석하는 입장은, 전적으로 교사의 권위에서 제시되고 풀이가 이루어집니다. 교사의 작품 해석은 시험 문제로 이어지고 아이들은 자연스럽게 자신의 주도성을 잃어버립니다. 자기 주도적 소설 읽기는 사라지고 점수와 문제 출제의 권한을 가진 권력과 이에 수긍할 수밖에 없는 학습자의 관계로만 전락하고 마는 것이지요. 충분한 탐구와 토론을 기반으로 하여 소설 내 인물의 처지와 정서를 파악하고 사회 문화적 맥락을 이해하는 과정이 생략된 교실 내 모습은 안타깝습니다. 결국 어느 순간 우리 아이들에게 소설은 학습하는 것이고 즐기는 책은 따로 있는 장르가 되고 맙니다.

김성진은 논문 「비평 활동 교육의 내용 연구」[7]에서 문학을 특정한 사회적 맥락 속에 위치한 독자와 작가의 소통 관계로 파악해야 하며 사회 역사적 가치 탐구 활동과 같은 비평 활동이 필요하다고 하였습니다. 소설을 읽고 독자 스스로가 읽는 느낌에 대한 교육적 판로가 마련되어야

---

7 김성진, 「비평 활동 교육의 내용 연구」, 서울대학교 대학원 박사학위 논문, 2004.

한다는 것을 강조한 의견이지요.

　소설에 대한 즐거움과 깊이 있게 소설을 읽어 낼 수 있는 사회 문화적 맥락 읽기의 가장 좋은 방법은 '토론'입니다. 물론 교실 내에서 원활한 토론과 비평 문화가 자리 잡는다면 더없이 좋은 수업이며 아이들이 소설을 더 이상 나와 다른 세상의 이야기를 하는 것으로만 치부하지는 않을 것입니다. 하지만 내신과 수능이라는 학습적 결과를 내야 하는 학생들에게 토론을 통한 비평 학습은, 현실적인 대안이라기보다 학교 내 경험이며 결국 내신과 수능 이외에 또 준비해야 하는 학습적 부담이 될지도 모릅니다. 입시 제도를 바꾸는 것은, 문제점을 알고 있다고 하더라도 당장 개선되는 것은 분명 한계가 있으니까요. 그렇다고 손 놓고 소설 읽기를 포기할 수는 없습니다. 아이들에게 소설을 조금이라도 가깝게 여기는 방법을 제시해 주는 것은 독서를 지도하는 교사의 역할입니다. 아이들에게 소설을 통해 사회와 세계로 지평을 열어 주는 교량이 되어야 하는 것도 독서 지도 교사들의 임무이기 때문입니다.

- 소설에서 말하는 사람을 찾아라

　소설에서는 시에서 시적 상황을 느끼고 말하는 화자가 있듯이 소설을 풀어내고 이야기하는 서술자가 있습니다. 서술자는 작가의 마음이 투영된 존재이며 작가의 대리인이라고도 할 수 있는데요, 인물들의 마음을 얼마나 파악하고 있느냐에 따라 구분이 가능합니다. 가장 먼저 서술자를 찾기 위해서는 우선 서술자가 안에 존재하는지, 밖에 존재하는지를 파악하는 것이 중요합니다. 우리는 중학교 때 이미 서술자에 대한 것을 시점과 함께 배웠습니다. 그러나 정작 아이들은 소설을 읽으며 서술자를 찾으려 하지 않습니다. 서술자가 안에 있다는 것은 소설 속 서술자가 '나는, 내가' 등으로 스스로를 지칭하며 이야기를 전개합니다. 반면 인물의 이름이나 '그, 그녀' 등과 같은 대명사를 사용한다면 서술자는 밖에 있다고 파악할 수 있습니다. 말하고 있는 서술자를 파악했다면, 우선 마음을 따라 읽어야 할지 서술하는 행동과 상황을 읽어야 할지를 판단해야 합니다. 1인칭 주인공의 시점은 자신의 마음을 설명합니다. 주인공은 자신의 마음을 기준으로 세상을 바라보고 설명합니다. 때에 따라서는 그 주인공이 어리석은 인물일 수도 있고 주인공이 악한 인물일 수도 있습니다. 말하고 있는 주인공이 어떤 성품인지 적당히 파악되었다면 그 사람의 시선으로 내세운 의도를 생각해 볼 차례입니다.

　중학교 1학년 교과서에 수록된 김유정의 『동백꽃』에서는 주인공인 나를 통해 독자에게 해학성, 즉 웃음을 느끼게 합니다. 점순이의 마음을 읽지 못하는 주인공 '나'를 바라보며 독자들은 답답함을 느끼기도 하고 '나'에게 점순이의 마음을 알려 주고 싶어 합니다. 그리고 이 과정에서 독자는 '나'만 모르는 점순이의 마음을 재미있게 느낍니다.

　"느 집엔 이거 없지?" 주인공이자 서술자인 '나'에게 점순이는 관심의 표현으로 감자를 내밉니다. 그러고는 생색을 내며 제가 준 것을 남이 알면은 큰일 날 테니 얼른 먹어 버리라 말합니다. "난 감자 안 먹는다, 너나 먹어라." 그러나 나는 점순이의 호의를 받지 않고 그만 감자를 거절해 버립니다. 소설에는 이런 주인공 나의 감정을 다음과 같이 말합니다.

> 설혹 주는 감자를 안 받아먹은 것이 실례라 하면, 주면 그냥 주었지 '느 집엔 이거 없지'는 다 뭐냐. 그러잖아도 저희는 마름이고 우리는 그 손에서 배재를 얻어 땅을 부치므로 일상 굽실거린다. 우리가 이 마을에 처음 들어와 집이 없어서 곤란으로 지낼 제 집터를 빌리고 그 위에 집을 또 짓도록 마련해 준 것도 점순네의 호의였다.
> (김유정, 『동백꽃』 중)

서술자 나는 감자를 거절한 이유를 자세하게 설명합니다. 나의 집은 소작농이고, 점순네는 마름집입니다. 계급의 차이로 자신은 먹을 것도 넉넉하지 못하고 땅을 점순네서 부쳐 먹는 형편임을 알고 있습니다. '나'는 이런 사회적 차이를 마음속에 은근히 담아 두고 있었던 모양입니다. 점순이가 감자를 내밀며 굳이 '느 집엔 이거 없지?'라는 말을 하여 나의 자존심을 자극했기 때문에 감자 거절의 이유가 된 것이지요. 즉 1인칭 서술자는 자신의 마음을 고스란히 드러내어 독자에게 이야기를 들려주듯 이야기를 전개합니다. 만약 1인칭 서술자에 대한 이해가 없었다면, '나'가 누구인지, 무슨 상황인지 전혀 이야기를 헤아리지 못하는 것은 당연합니다.

서술자는 소설에서 작가를 대변한다고 봐도 과언이 아닙니다. 서술자가 등장인물들의 행동을 어떻게 설명하고 있는지, 어떤 태도를 취하는지만 살펴보아도 소설에서 작가가 어떤 의도로 이런 상황을 만들어 내고 있는지 쉽게 알아차릴 수가 있지요. 또 서술자를 파악하였다면, 마름과 소작농의 시대적 상황과 관계를 파악해 고려한다면 나의 심정은 더 이해하기 수월해지지요. 그렇다면 채만식의 『태평천하』를 통해 다시 한번 서술자의 의도를 읽어 내 볼까요?

> 윤직원 영감은 맸던 염낭끈을 또 도로 풀더니, 오 전박이 한 푼을 더 꺼냅니다. 이 오 전은 무단스레 더 주는 것이거니 생각하면 다시금 역정이 나고 돈이 아까웠지만, 인력거꾼이 부둥부둥 떼를 쓰는 데는 배겨 낼 수가 없다고, 진실로 단념을 한 것입니다.
> '……거 참……! 옜네! 도통 이십오 전이네. 이제넌 자네가 내 허리띠에다가 목을 매달아두 쇠천 한 푼 막무가낼세!'
> 인력거꾼은 윤직원 영감이 말도 다 하기 전에 딸그랑하는 대소 백통화 서 푼을 그 육중한 손바닥에다가 받아 쥐고는 고맙다고 하는지 무어라고 하는지 분명찮게 입 안의 소리로 두런거리면서, 놓았던 인력거 채장을 집어 들고 씽하니 가버립니다.
> (채만식, 『태평천하』 중)

이 소설에서 서술자는 인물의 마음으로 들어가 마치 인물의 마음을 꿰뚫어 봅니다. 그리고 인력거꾼에게 주는 돈을 아까워하는 윤직원 영감을 서술자는 조롱하고자 하는 마음에 옹졸하게 그려 냅니다. 다음 장면에서도 서술자가 윤직원 영감을 부정적으로 바라보고 있는 시선을 느낄 수 있습니다.

> 그게 뉘 짓인고 하니, 대복이가 윤직원네 영감한테 지청구를 먹고는 홧김에 써 보고, 핀잔을 듣고는 폭폭하여 써 보내고 하던, 그야말로 눈물의 투서였던 것입니다. 윤직원 영감의 불평은 그러나 비단 그뿐이 아닙니다. 소리를 기왕 할 테거든 두어 시간이고 서너 시간이고 붙박이로 하지를 않고서, 고까짓 것 삼십 분, 눈 깜짝할 새 감질만 내다가 그만둔다고, 그래서 또 성홥니다. 물론 투정이요, 실상인즉 혼자 속으로는, 그놈의 것 돈 십칠 원 들여서 사놓고 한 달에 일 원씩 내면서 그 재미를 다 보니, 미상불 헐키는 헐타고 은근히 좋아하지 않는 것은 아닙니다. 그렇지만 또 막상 청취료 일 원야라를 현금으로 내주는 마당에 당해서는 라디오에 대한 불평 겸 돈 일 원이 못내 아까워서,
> "까짓 놈의 것이 무엇이라구 다달이 돈을 일 원씩이나 또 박또박 받어 간다냐?"
> "그럴 티거든 새달버텀은 그만두래라!"
> 이렇게 끙짜를 하기를 마지않습니다.
>
> (채만식, 『태평천하』 중)

서술자는 윤직원 영감의 행동에 대해 '불평은 그러나 비단 그뿐이 아닙니다. 소리를 기왕 할 테거든 두어 시간이고 서너 시간이고 붙박이로 하지 않고서……'라고 말합니다. 불평, 불만이 많은 윤직원 영감에 대한 비판이 섞여 있는 어조이지요. 이렇게 서술자를 찾아내는 것은 소설 읽기의 가장 기본이 됩니다. 서술자를 찾았다는 것은 소설의 읽기의 방향을 찾은 것과 다름없습니다. 소설 읽기의 항해를 무사히 마치기 위해서 독자는 서술자의 시선을 따라가며 소설을 읽을 것을 권합니다.

- 시간과 공간을 나타내는 말을 찾아라

소설을 읽으며 어려움에 처하는 것이 상황에 대한 이해입니다. 상황은 인물들의 처지를 나타내는 배경적 상황도 있을 수 있고, 시대적 상황도 있을 수 있습니다. 특히 고전 소설을 읽을 때에는 시간과 공간에 대한 어려움이 더합니다. 공간과 시간에 대한 설명을 지나쳐 버린다면 인물들의 상황을 파악하는 것은 더욱 어렵고 장면으로만 제시된 정황으로 소설을 파악해야 하니 한계가 따르게 되지요.

> 원수 비감하여 왈, '나는 이 고을에 적거하신 유주부의 아들일러니 부모 원수 갚으려고 적진에 들어가 천자를 구완하고 정한담 최일귀를 한 칼에 베고 오국정병을 일시에

> 무찌르고 천자를 모셔 환궁하였더니 뜻밖에 오국왕이 들어와 나를 속여 도성을 엄살하고 황후를 사로잡아 갔는고로 북적을 함몰하고 황후를 모셔 오려고 가는 길에 들렸노라.'
> 자사 이 말을 듣고 계하에 내려 백배 치사하고 주육을 많이 내어 대접하고 십 리 밖에 전송하니라. 원수 유주를 떠나 호국에 다다르니 풍설은 분분하고 도로는 험악하여 인적이 없는지라. 각설 이때 호왕이 십만 명을 거느려 남경에 갔다가 한담이 사로 잡혔단 말을 듣고 도성에 들어가 황후 태후 태자를 사로잡고, 성중 보화와 일등미색을 탈취하여 본국으로 돌아와 승전곡을 울리며 잔치를 배설하고 수일 즐긴 후에 황후 태후 태자를 잡아내어 계하에 엎지르고 나졸이 좌우에 늘어서서 검극을 벌렸는데……
> (『유충렬전』 중)

위 소설은 영웅 유충렬의 이야기 『유충렬전』입니다. 이미 고등학생들이 수능을 위해 치루는 모의고사에 게재되어 알고 있는 학생들이 꽤 있지요. 이야기에서는 천자를 구하기 위해 적과 맞섭니다. 이야기는 동시간에 일어난 일을 장면, 장면으로 한 컷 한 컷 보여 줍니다. 그런데 그때마다 시간과 장소가 바뀌는 것을 확인할 수 있습니다. 만약 이야기가 어느 시간, 어떤 공간을 말하는 것인지 모른다면 서사의 흐름을 제대로 파악할 수 없어 소설 읽기가 어려워지지요. 위 본문에서도 유충렬이 유주를 떠나 호국에 다다랐다고 말합니다. 여기서 공간이 달라졌다는 것을 확인할 수 있는 것이지요. 이처럼 공간과 시간의 이동은 인물의 상황에 많은 영향을 미치므로 반드시 확인하며 읽는 것이 중요합니다. 또 공간, 시간에 대한 파악을 염두하며 읽는다면 소설에 집중하게 되어 이야기의 전개가 매끄럽게 이어질 수 있을 것입니다.

- 묘사, 대사, 서술을 확인하라

 소설은 이야기를 진행하는 서술, 장면을 보여 주는 인물들의 대사, 배경과 상황을 섬세하게 그려 낸 묘사가 어우러져 이야기를 만들어 갑니다. 아이들이 어려워하는 소설일수록 대체로 묘사와 서술의 비중이 큰데요. 사건 중심의 동화와 소설을 중심으로 읽어 온 경험은 묘사나 내면 서술로 이루어진 소설 장르에 몰입하는 것을 생각보다 어렵다고 느낍니다. 특히 묘사가 길어지는 경우 집중력이 흐트러져 이야기를 읽다가 다른 생각으로 흐르거나 인물의 내면과 상황에 몰입하지 못하기도 합니다.

 이청준의 소설 『소문의 벽』의 주인공은 '소설가'입니다. 그는 억압된 상황과 작가의 사명 의식 사이에서 절망한 후, 일체의 진술을 거부하는 의식의 병리 현상을 겪는 인물입니다. 소설의 이야기는 등장인물 박준의 정신적인 병리 현상을 분석하고 병리 현상의 요인을 찾아내는 과정으로 이어집니다. 그리고 인물의 심연 깊숙한 곳에 자리 잡고 있는 한국 전쟁 당시의 충격과 공포증이 원인이라는 것을 밝혀내지요. 인물의 내면을 중심으로 전개하는 소설인 만큼 사건의 개연성과 인과성을 중심으로 소설을 접근한다면, 소설의 내용을 전혀 파악할 수 없는 작품입니다.

소설의 주인공 '나'는 쫓기는 인물 박준을 도와줍니다. 주인공 '나'는 박준을 만났던 장면을 현재의 시점에서 풀어놓습니다. 현재 진술 속에 박준과의 대화하는 과거 장면이 삽입되어 시간이 이동한 것이죠. 이 순간 글을 읽는 학생들은 혼란에 빠집니다. 소설을 이야기하는 시간은 현재인데, 대사를 주고받는 상황은 현재의 상황이 아닌 것으로 보이고, 간혹 이 경계가 애매하거나 과거로 진입한다거나 시간이 이동했다는 표지어도 없이 전개가 이루어지기 때문입니다. 이런 경우 소설을 무작정 다음으로 읽기보다 같은 시간이라고 판단되는 부분을 묶어 표기하여 대화 상황이 언제인지, 이 장면이 전체에 어느 순간에 놓이는 것인지 시간 배열을 생각해 보도록 하세요. 장면과 장면이 조각난 것을 배열하다 보면 전체의 흐름을 파악하는 데 도움이 되기 때문입니다. 또 서술과 묘사, 대사의 구분이 모호하게 진행되거나 오정희의 『유년의 뜰』처럼 한 인물의 독백처럼 서술되지만 특별한 사건 없이 퍼즐 조각처럼 일화와 그와 관련된 서술자의 사색으로 전개되는 경우는 더 없이 이야기를 어렵게 합니다. 이럴 경우 연필로 이야기의 상황을 표기하며 묘사인지 서술인지 어느 순간의 장면인지를 구분해 보는 연습을 하는 것도 도움이 됩니다. 인물의 내면을 그리고 있다면 '내면 묘사'로, 인물과의 다른 인물과의 갈등이 놓이고 있다면 '갈등'으로, 현재 상황에 대한 단순 서술이라면 '서술'로 표기하여 혼란을 막아 보는 것이죠. 이 밖에도 소설을 쉽게 접하기 위해서는 주인공과 갈등 관계에 놓인 짝을 찾아 읽거나 정확하게 나와 있지 않다면 대응, 대비되는 인물을 추론해 보는 것도 도움이 됩니다.

끝으로, 소설을 읽는 것은 즐거운 활동이어야 합니다. 그러기 위해서는 비평적 관점의 읽기가 반드시 필요합니다. 인물의 행동에 대해 무조건 수용할 것이 아니라 인물의 행동에 대해 판단을 해 보는 것도 도움이 됩니다. 누구나 처음에는 미숙한 독자일 수밖에 없습니다. 소설의 인물 처지를 생각하고 수용하기 위해서는 자신의 상황을 대입하여 바라보고, 나에서 타자로, 타자에서 세계로 확장하여 바라보는 시각을 갖도록 해야 합니다. 하지만 이러한 넓은 시야가 그냥 길러지는 것은 아니지요. 오직 읽기를 거듭하여 축적되는 소양을 쌓는 것만이 답이지요. 그러나 소설을 꼼꼼하게 읽는 습관으로 섬세하게 읽기를 해서 비평까지 나아간다면 언젠가 소설이 나의 이야기처럼 쉽게 느껴지는 순간이 있을 것입니다.

소설을 정독하는 습관으로 자신의 읽기가 마무리 되었는지를 확인하는 방법 중 가장 좋은 것은 간단한 리뷰 혹은 서평을 써 보는 것입니다. 소설 읽기를 통해 느낀 감동을 남겨 두기 위해 간단하게라도 자신이 느낀 것을 개인 블로그에 올려 보거나 SNS를 통해 친구들과 공유해 보는 것도 주도적인 읽기 활동의 결과물이 될 것입니다.

📍 중등 소설 읽기 핵심 포인트 짚어 보기!

🔍 하나! 사회 문화적 맥락 읽기를 위해 토론을 해 보자!
소설 속 배경이 되는 사회 속에서 주인공은 무엇을 고민하는가? 오늘날 사회에서는 비슷한 현상이나 고민이 없는가?

🔍 둘! 서술자에 집중하라!
서술자가 작품 안에 있을 경우 1인칭 주인공 시점과 1인칭 관찰자 시점으로 나뉘고, 서술자가 작품 밖에 있을 경우 3인칭 관찰자 시점과 전지적 작가 시점으로 나뉩니다.
서술자의 위치에 따라 독자가 알 수 있는 영역이 다르며, 서술자에 집중해서 읽게 되면 등장인물의 심리 상태나 등장인물에 대한 서술자의 생각이 어떤지 알 수 있습니다.

🔍 셋! 공간과 시간을 드러내는 말을 놓치지 말자!
소설 속 공간 이동과 시간의 흐름은 중요한 요소입니다. 현재 시점에서 과거를 회상하는 것인지, 지금 등장하는 장소가 과거의 한 장면인지 현재의 장면인지, 공간과 시간은 소설에서 꼭 챙겨서 봐야 할 포인트입니다.

🔍 넷! 묘사, 대사, 서술에 집중하라!
묘사의 순간 우리는 소설 속 그 공간으로 이동합니다. 그 공간 안에서 이뤄지는 대사와 인물의 심리에 집중해 보세요. 연필을 들고 지금 읽는 부분이 전체 이야기에서 어떤 부분인지 체크해 보세요. 주인공과 등장인물들 간의 관계도를 그려 보는 것도 좋습니다.

❸ 장르의 특성을 이해하면 글 읽기가 쉽다!

- 글쓴이의 심정 이해하기

성인이 되기 전까지 가장 많이 써 본 글은 무엇일까요? 아마도 수필과 감상문을 꼽을 것입니다. 수필은 흔히 '에세이'라고 하지요. 개인의 경험이나 사색을 중심으로 쓰게 되는 에세이는 자유로운 형식의 글이라고 익히 알고 있습니다. 자유롭게 자신이 쓰다 보니 글의 문체에서도 개성이 드러나고 전문적이지 않은 그 누구도 쓸 수 있기 때문에 쉽게 접근한다는 장점이 있지요. 하지만 이러한 에세이를 읽는 데도 가끔은 어려움이 따릅니다. 개인의 일화를 담아 가볍게 쓴 글의 경우는 그나마 쉽게 읽히는 편입니다. 그러나 무거운 사회적 주제와 비평의 성격을 지녀 객관적으로 집필된 서평, 평론, 칼럼의 경우 쉽게만 읽히지 않는 경우도 종종 있지요. 개인적인 일화를 중심으로 서술된 글은 아무래도 일기처럼 에피소드를 소개하고 그 뒤에 깨닫게 된 내용을 중심으로 쓰이다 보니 깨닫게 된 내용이 무엇이 있느냐가 매우 중요합니다. 에피소드를 통해 깨닫게 된 소감은, 글쓴이에게 의미 있게 남게 된 내용이기 때문에 무엇보다 기억에 남습니다. 때문에 가볍게 일화를 중심으로 서술된 글들은 우선 다른 사람의 일기를 읽듯이 읽으면 됩니다. 그리고 글쓴이가 무엇을 의미 있게 받아들였는지, 깨닫게 된 것이나 내적인 변화를 얻은 것을 중심으로 읽으면 무리가 없지요. 단, 학생들이 어려워하는 고전 수필의 경우 당시 시대의 가치관을 이해하는 것이 먼저입니다.

한 가지 힌트를 제공한다면 고전 수필 구성은 일화를 소개 후 글쓴이의 가치관이 이어지므로 일화 다음 나오는 글쓴이의 깨달음에서 당시의 가치관을 읽어 내는 것을 권합니다.

> 그건 그렇고, 그 위험(危險)이 이와 같은데도, 이상스럽게 물이 성나 울어대진 않았다. 배에 탄 모든 사람들은 요동의 들이 넓고 평평해서 물이 크게 성나 울어대지 않는다고 말했다. 그러나 이것은 물을 잘 알지 못하는 까닭에서 나온 오해(誤解)인 것이다. 요하(遼河)가 어찌하여 울지 않았을 것인가? 그건 밤에 건너지 않았기 때문이다. 낮에는 눈으로 물을 볼 수 있으므로 그 위험한 곳을 보고 있는 눈에만 온 정신이 팔려 오히려 눈이 있는 것을 걱정해야 할 판에, 무슨 소리가 귀에 들려온다는 말인가? 그런데, 이젠 전과는 반대로 밤중에 물을 건너니, 눈엔 위험한 광경(光景)이 보이지 않고, 오직 귀로만 위험한 느낌이 쏠려, 귀로 듣는 것이 무서워서 견딜 수 없는 것이다.
> 아, 나는 이제야 도(道)를 깨달았다. 마음을 잠잠하게 하는 자는 귀와 눈이 누(累)가 되지 않고, 귀와 눈만을 믿는 자는 보고 듣는 것이 더욱 밝아져서 큰 병이 된다는 것을 깨달았다.
> (박지원, 「일야구도하기」 중)

위 글은 고등학교 1학년 국어 교과서에 실려 있는 박지원의 「일야구도하기」의 일부입니다. 박지원은 중국 여행 중에 강을 건넜던 경험을 이야기하며 외물에 현혹되는 삶의 자세에 대해 이야기합니다. 박지원은 요동의 물이 울어 대지 않는다고 사람들이 생각하는 것은 물을 잘 알지 못하는 까닭에서 나오는 오해라고 말합니다. 낮에 물을 볼 수 있어 눈에 정신이 팔리고 밤에는 어두워 귀로만 소리를 들으므로 눈으로 느낄 수 있는 두려움을 느낄 수 없고 오직 귀로 듣는 위험함만을 느끼게 되는 것이라는 것이라 말하지요. 때문에 귀로 듣는 것은 무서워 견딜 수 없는 것이 된다는 것을 깨달으며 결국 눈과 귀로 듣는 모든 소리는 오히려 병이 되는 것임을 이야기합니다.

 이 글을 읽을 때 학생들이 저자가 느낀 두려움에 대해 공감하지 못하는 것은 당시 시대적 배경에 대한 이해가 적기 때문입니다. 과거 전기가 없던 시절 가로등 없이 밤길을 걸어야 했던 글 속의 선인들의 삶에 대한 이해가 없다면, 귀로 듣는 두려움에 대해 공감하지 못하는 것은 당연합니다. 시대에 대한 이해는 고전 소설이나 시가처럼 수필에서도 중요하지요.

> "천하 만물 가운데 지킬 것은 하나도 없지만, 오직 나만은 지켜야 한다. 내 밭을 지고 달아날 자가 있는가. 밭은 지킬 필요가 없다. 내 집을 지고 달아날 자가 있는가. 집도 지킬 필요가 없다. 내 정원의 여러 가지 꽃나무와 과일나무들을 뽑아 갈 자가 있는가. 그 뿌리는 땅 속에 깊이 박혔다. 내 책을 훔쳐 없앨 자가 있는가. 성현의 경전이 세상에 퍼져 물이나 불처럼 흔한데, 누가 능히 없앨 수가 있

> 겠는가. 내 옷이나 양식을 훔쳐서 나를 궁색하게 하겠는가. 천하에 있는 실이 모두 내가 입을 옷이며, 천하에 있는 곡식이 모두 내가 먹을 양식이다. 도둑이 비록 훔쳐 간 대야 한두 개에 지나지 않을 테니, 천하의 모든 옷과 곡식을 없앨 수 있으랴. 그러니 천하 만물은 모두 지킬 필요가 없다."
>
> "그런데 오직 나라는 것만은 잘 달아나서, 드나드는 데 일정한 법칙이 없다. 아주 친밀하게 붙어 있어서 서로 배반하지 못할 것 같다가도, 잠시 살피지 않으면 어디든지 못 가는 곳이 없다. 이익으로 꾀면 떠나가고, 위험과 재앙이 겁을 주어도 떠나간다. 마음을 울리는 아름다운 음악 소리만 들어도 떠나가며, 눈썹이 새까맣고 이가 하얀 미인의 요염스러운 모습만 보아도 떠나간다. 한 번 가면 돌아올 줄을 몰라서, 붙잡아 만류할 수가 없다. 그러니, 천하에 나보다 더 잃어버리기 쉬운 것은 없다. 어찌 실과 끈으로 매고 빗장과 자물쇠로 잠가서 나를 굳게 지켜야 하지 않으리오."
>
> (정약용, 「수오재기」 중)

정약용의 「수오재기」에서는 자신을 지키는 일의 어려움에 대해 이야기합니다. 형님의 집 이름인 '수오재'에 대한 의미를 떠올리며 자신의 생각을 적은 이 글에서는 '나'라는 내면적 자아의 마음을 지키는 일의 어려움에 대해 설명하는데, 학생들은 철학적인 메시지를 담은 이 이야기를 다소 어렵게 느낍니다. 정약용의 나를 지키는 것에 대한 의미에 대해 정확히 와닿지 않기 때문이지요. 정약용은 정치 생활을 마감하고 긴 유배 생활을 해야만 했습니다. 또 그의 작은 형님은 종교적인 믿음으로 집안과 자신의 몸 마저 위태로워졌지요. 정약용은 자신의 정치적 경험으로 인한 어려움과 작은 형님의 종교적 믿음으로 인한 불안이 오히려 자신을 지키지 못하게 하였다고 깨닫습니다. 즉 자신을 지키는 일이란 외부 상황에 동요되지 않는 것이라는 걸 깨닫게 된 것이지요. 그러나 학생들은 여기서 이런 의문을 갖습니다.

"선생님, 정치적 진출에 대해 마음을 갖고 자신이 생각하는 올바른 신념의 정치를 펼치는 것은 나를 지키는 일이 안 되는 것인가요?"

"정약용의 형님 또한 종교적 신념을 가지고 자신의 믿음을 지키기 위해 애쓰며 사셨는데, 이 또한 자신을 지키는 일이 아닌가요?"

분명 아이들의 질문에는 타당한 비판이나 의문이 담겨 있습니다. 정치인이 정치적 신념을 펼치기 위해 사는 것이, 종교적 믿음에 확신을 가지고 이를 실천하며 사는 것이 틀렸다고는 할 수 없으니까요. 그러나 아이들에게 정약용의 삶에서 긴 시간이 유배였다는 것, 가족의 해체가 이뤄질 수밖에 없는 상황이 때로는 후회로 남을 수 있는 일이라는 감정을 조금 이해한다면, 자신을 지키는 것이 때로는 몸을 지키는 일일 수 있다는 것도 헤아려지리라 생각합니다. 우리는 과거 유명한 학자나 선인들의 삶을 책을 통해 만날 수밖에 없습니다. 그러다 보니 그들의 삶의 여러 단면들을 다양하게 접하기보다 주요한 역사적 업적과 행적을 중심으로 인물을 평가하게 되지요. 그러나 인물들의 모든 면들이 한결같지는 않습니다. 이런 수필을 통해 현자로 꼽히는 인물일지라도 인간적인 고뇌와 갈등이 존재할 수 있다는 것을 이해하는 창으로 수필을 만날 것을 권합니다. 그렇다면 정약용의 나를 지키는 일에 대한 메시지를 이해할 수 있게 되겠지요.

- 감상을 적은 글도 논리적인 글입니다

 감상문은 아이들이 어릴 때부터 줄곧 접해 온 글쓰기입니다. 아무리 글쓰기를 싫어하고 못하는 학생이라도 독서 감상문은 써 본 적이 있으니까요. 대부분의 어머니들은 아이들이 저학년 때는 일기를 잘 못 써서, 고학년이 되어서는 감상문을 못 쓰기 때문에 글쓰기를 못한다고 생각합니다. 그러나 글의 종류 중 감상문은 일부일 뿐이지요. 때에 따라서는 감상문 이외의 객관적인 글을 쉽게 쓰는 학생들도 있으니까요. 다행인 것은 감상문은 읽는 글로 접하기보다는 오히려 쓰는 글로 접하는 경우가 더 빈번하다는 것입니다. 즉 수행 평가를 위해, 학교 과제를 위해 접하는 글이라는 이야기가 되겠지요.

 중고생들이 접하는 감상문은, 비평이나 평론, 칼럼이 있을 수 있습니다. 이러한 글들은 객관적인 근거를 바탕으로 주관적인 글쓴이의 의견이나 주장이 담게 되지요. 때문에 글의 장르가 수필의 큰 범주 아래 주장하는 글의 성격을 지니게 됩니다. 그렇다면 이러한 글에서는 무엇을 중요하게 읽어야 할까요? 수필의 장르이지만, 앞서 이야기한 개인의 감정과 경험을 바탕으로 한 글과는 다르게 이 글은 주장과 근거를 찾는 것이 중요합니다. 어떤 이유에서 글쓴이가 자신의 논리를 펼쳐 나가는지, 무엇을 근거로 자신의 이야기를 풀어 나가고 있는지를 알아야 하지요.

오주석의 미술 비평문인 「미완성의 걸작」은 윤두서의 「자화상」에 대해 들었던 두 가지 의문을 저자가 근거를 들어 풀어 가는 글입니다. 그는 "이 작품에서 보이는 충격적인 회화 효과는 결코 조선 시대 사대부들이 추구하던 윤리 도덕이나 거기에 근거한 당시의 미감(美感)과 맞아떨어지는 것이 아니다."라며 윤두서의 「자화상」이 왜 몸과 귀가 모두 사라진 섬뜩한 그림이 되었는지를 풀어 가는 것이죠.

이 비평문에서 저자는 과거 선조들의 가치관을 이유로 윤두서의 작품이 분명 완성품이 아닌 데에는 사연이 있었을 것이며 미완성이라 주장합니다. 그리고 그 근거로 자신이 찾은 사료를 통해 이를 증명해 내지요. 이처럼 비평문은 논리를 중심으로 쓰인 글입니다. 때문에 어떤 논리를 펼쳐 나가고 있고 근거를 찾는 것이 중요하다고 할 수 있지요.

여기서 중요한 것은 감상을 적은 감상문도, 전문가의 논리와 함께 감상이 적힌 비평이나 논평의 글도 모두 감정에 치중된 글이 아니라는 사실입니다. 논리적인 근거를 바탕으로 타당성을 증명하고 있다는 사실을 잊지 말고 이러한 글을 읽을 때 주장과 이유를 찾는 연습을 한다면, 글이 쉽게 읽히리라 생각합니다. 이처럼 에세이의 형식을 빌린 감상문 또한 자신의 마음을 토로하는 글이 아니라 감상에 대한 근거를 차근차근 풀어 가는 글이라는 사실을 잊지 말아야 합니다. 글의 성격을 규정하는 장르는 어느 정도 글의 방향을 제시하기도 하지만 그렇다고 그 성격에 갇힌 채 글을 읽어서는 안 됩니다. 에세이이면서도 논리적인 성격을 지닌 글이기에 논설문을 읽듯이 읽고, 감상문이지만 설명적인 요소가 많다면 마찬가지로 그 설명 방법을 이해하며 읽는다면 한결 불편함이 해소될 수 있어요. 또한 우리도 글을 쓸 때 어떤 감상에 대한 의견을 논리적 근거를 제시한다면 더 좋은 비평문이 될 수 있는 것이지요.

- 장르의 특징을 이해하라

연극의 대본이 희곡임을, 영화의 대본이 시나리오라는 것은 학생들은 학교 국어 시간에 배웁니다. 즉 대본을 읽고 그 글의 특징을 알게 되는 것이지요. 다른 문학의 장르와는 다르게 연출과 배우의 행동으로 표현되는 희곡과 시나리오는 구체적으로 표현되는 문학이라 할 수 있습니다. 소설에서 '1000명의 군인들이 함성을 외쳤다'라고 서술로 간단하게 말할 수 있는 것도 이것을 장면으로 표현하려면 상황은 달라집니다. 1000명의 군인은 어떤 장면으로 연출해 내야 하는지도 고려해야 하기 때문이지요. 이렇듯 장면으로 표현되는 희곡과 시나리오는 장면을 머릿속으로 떠올리며 읽는 것이 도움이 됩니다. 영화와 드라마를 봤던 기억을 떠올려 어떤 장면으로 표현이 되고 있는지를 상상한다면 읽는 데 어려움이 없을 것입니다. 더불어 시나리오 용어를 익히고 연출자에게 혹은 배우에게 어떤 메시지를 전하고 있는지를 이해한다면 어렵지 않게 독해가 가능할 것입니다.

🔍 중등 수필, 감상문 읽기 핵심 포인트 짚어 보기!

🔎 **하나! 글쓴이의 심정을 이해해 보세요.**
- 수필과 감상문에는 글쓴이의 깨달음을 담는 글인 만큼 깨달음 찾기 연습을 해 보세요.
- 글쓴이의 심정을 이해해 보세요.
- 고전 수필의 경우 인물이 처한 상황과 시대적 가치관으로 판단해 보세요.
- 내가 알고 있는 유명인의 수필일 경우, 그 인물에 대한 평가로 글을 접하지 마세요.

🔎 **둘! 감상을 적은 글도 논리적인 글이라는 것을 잊지 마세요.**
- 감상에도 주장과 그에 부합하는 근거가 제시됩니다.
- 주장과 근거를 찾는 연습을 하도록 하세요.
- 감상이라는 것이 단순한 느낌이라고 생각하지 마세요.
- 느낌도 논리적이어야 글이 됩니다.

🔎 **셋! 희곡과 시나리오의 특징을 이해하며 읽으세요.**
- 드라마나 연극을 봤던 장면을 떠올리며 작품을 읽어 보세요.
- 소설과 마찬가지로 인물의 처지와 상황을 파악해 보세요.

3. 문학이 아닌 글은 '어떻게' 읽어야 할까요?

❶ 장르에 따라 글의 특성을 파악하며 읽어요

　입시의 관점에서 바라본다면 우리의 읽기 영역은 크게 문학과 문학이 아닌 글(독서 혹은 비문학)로 나뉩니다. 앞서 문학 장르가 다루고 있는 글들을 어떻게 읽어야 하는지 살펴보았다면, 지금부터는 비문학 글들을 어떻게 하면 잘 읽을 수 있는지 알아볼까요?

　비문학은 고등 교과에서 독서라는 이름으로 분류되는데요. 내용적 측면에서 본다면 그 범위를 한정 짓기 어려울 정도로 다채롭습니다. 때문에 장르적 특성을 고려해 읽는 연습을 해 나갈 필요가 있습니다. 무언가를 관찰하고 기록한 글, 정보가 나열된 글, 글쓴이의 관점이 제시되는 글, 배경 지식이 필요한 글 등 다양한 글을 독해해 나가기 위해서는 글의 종류에 따른 전략이 필요한 것이죠.

독서 분야에서 독해 전략은 다양하게 논의되는데요. 크게 사전 지식 활성화하기, 질문하기, 요약하기, 시각화하기, 텍스트 구조 활용하기, 이해 점검하기, 재검토하기로 나눠 볼 수 있을 것 같습니다. 사전 지식을 활성화하기 위해서 훑어보기나 미리 보기를 하거나 K(알고 있는 것) W(알고 싶은 것) L(배운 것) 전략이나 SQ3R(survey question read recite review) 등의 전략이 활용되기도 합니다. 이러한 독해 전략은 비문학글에서 유용하게 활용할 수 있는데요. 독해를 잘 하기 위한 전략이니 만큼 글의 형식적 종류와 주제 등을 살펴보고, 그에 맞는 독해 전략을 적용시키는 것이 좋습니다.

지금부터는 비문학글의 대표 형식인 정보글과 주장하는 글을 어떻게 하면 잘 읽을 수 있을지 이에 대한 독해 전략을 제시해 보고자 합니다.

❷ 정보·지식을 담은 글 읽기의 시작은 교. 과. 서!

- 정보·지식을 주는 글, 가장 먼저 정독하며 읽어야 하는 것은 교! 과! 서!

정보와 지식을 주는 글을 가장 많이 접하는 이들은 학생들입니다. 초등학생부터 대학생에 이르기까지 학업을 위해 접하는 글들은 대체로 정보를 주는 글이 대부분이고, 교과서는 정보와 지식을 안내하려는 목적으로 집필되었기 때문입니다. 그래서 정보와 지식이 적힌 글을 잘 파악하는 학생들은 결과적으로 공부를 잘하는 것은 당연합니다. 게다가 수능을 비롯하여 성인이 되어 만나는 정보 관련 도서들은 대체로 교과서에 기초를 두는 것이 대부분입니다. 결과적으로 초중고 교과서의 정보 지식 글을 바탕으로 성인의 독서 수준도 형성된다고 할 수 있지요.

교과서가 왜 중요한지, 하나의 예를 들어 보겠습니다. 고등학생들이 보는 수능에서 국어 영역은 '화법, 작문, 문법, 문학, 독서' 영역으로 구성됩니다. 이 중 '독서' 영역은 지식과 정보를 주는 글과 주장과 관점을 제시한 글로 구성되어 있습니다. 그리고 독서 영역의 소재는 주로 '사회, 법, 정치, 과학, 기술, 경제, 물리, 화학, 생물, 지구과학, 음악, 미술, 체육'입니다. 학교 교과로 12년간 배우는 교과 과목과 동일합니다. 그렇지만 아이러니하게도 아이들은 독서 지문을 제대로 읽지 못하고 심지어 '독서 때문에 수능을 망쳤다'는 말을 많이 합니다. 왜 이런 말이 나올까요? 이유는 간단합니다. 아이들은 학교에서 독서 영역의 독해를 따로 배우지 않기 때문입니다.

학교에서는 독서 영역의 소재가 되는 내용을 교과목에서 이미 오랜 시간 학습하기 때문에 '독해'를 위해 따로 과목이 있거나 학습하지 않습니다. 결국 국어 영역 학습에 있어 가장 중요한 것이 '전 과목 교과서 읽기'라는 말이 되지요. 물론 다양한 독서를 통해 지식을 습득하고 지적 호기심을 채우고 사고를 넓히는 것은 매우 중요합니다. 독서 경험은 아이, 성인 모두에게 재미를 주고 만족을 채워 줄 수 있으니까요. 그러나 학습을 위해 독서를 해야만 한다고 생각한다면 무조건 교과서가 바탕이 되어야 합니다. 그리고 흥미로운 주제가 있다면 더 확장해 나가면 좋습니다. 이렇게 확장한 독서는 후에 고등학교에서 중요하게 생각하는 세부 특기 사항의 독서 내용으로도 연결하여 작업하기도 좋고, 자신의 관심 분야와 더 가까워지는 길이니까요.

하나의 예를 들어 볼까요? 지난 2022년 3월, 고등학교 1학년 학생들은 전국연합학력평가를 치렀습니다. 그런데 국어 영역 '독서' 지문에 '플라톤과 아리스토텔레스의 예술'을 비교하는 지문이 출제되었지요. 시험을 본 윤재는 깜짝 놀라 저를 찾아왔습니다.

"선생님, 이번 모의고사 시험에 고등학교 '생활과 윤리' 과목 교과서에 있는 내용이 나왔어요. 정말 비슷했어요."

이런 일은 윤재만 경험한 것은 아닙니다. 과학 지문을 읽을 때도 경제 지문을 읽을 때도 아이들은 생소하게 느끼고 생각하지만 그 기저에는 교과서가 있습니다. 교과서에서 언급하고 있고 수록한 내용을 바탕 삼아 문제를 출제하고 아이들에게 독해를 요구하는 것이지요. 그러나 많은 아이들은 독서, 즉 문학이 아닌 영역의 글은 학교에서 따로 배우는 시간이 없기 때문에, 국어 시간에 따로 학습하지 않았다는 이유로 학교에서 배우지 않는다고 생각합니다. 이미 '생활과 윤리'에 '플라톤의 예술관'이란 제목으로 정보가 수록되어 있어도 국어 과목에서 학습하지 않은 것이기에 국어 영역과는 관계가 멀다고 생각하는 것이지요. 12년간의 수학 능력을 평가하는 시험에서 줄곧 배움의 지표가 되었던 것은 교과서입니다. 그렇다면 당연히 지금까지의 교과서가 가장 중심에 있어야 하는 것은 마땅합니다. 국어 영역의 성적 향상을 위해 정보, 지식 도서를 읽어야 한다고 생각했다면, 그보다 우선되어야 할 것이 교과서 제대로 읽기입니다.

국어 영역의 '독서'는 다양한 분야의 범위가 출제되기 때문에 딱히 정해진 공부 범위가 없다는 편견을 이제 '범위는 전 교과서'라고 생각을 바꿔 보세요. 공부로 다가서는 일이 조금은 가까워집니다. 그런데 이렇게 교과서가 기본이라 교과서를 다 읽어야 한다고 하면 부담을 벌써 느끼는 학생들이 있을 것입니다. 심지어 지금까지 읽지 않은 교과서를 한꺼번에 읽어야 한다고 생각하니 아예 그만두고 싶어지지요. 국어를 잘하기 위해 다양한 독서를 하는 것도 분명 중요하지만 교과서는 반드시 필독서가 되어야 합니다. 경제, 윤리, 정치와 법, 세계지리, 과학 등 다양한 과목의 교과서는 정보와 지식, 때로는 의견을 담은 글로 문학이 아닌 분야의 독해력을 키우기에 좋은 지침이 됩니다. 만약 다양한 교과서를 한꺼번에 읽는 것이 부담이 된다면, 중등, 고등 '검정고시' 대비를 위해 출판된 참고서를 이용하는 것도 좋은 방법입니다. 중고등학교의 학습적 지식 중 꼭 필요한 것을 정리해 둔 책인 만큼 정리가 용이하고 간편하니까요.

몇 번을 강조해도 중요한 교과서 읽기. 지금부터 시작해 보세요. 장기적으로 학습의 향상을 희망한다면 교과서를 제대로 이해하는 능력이 정말 중요합니다. 최소한 초등학교에서는 국어, 과학, 사회 교과서를 제대로 읽고, 중고등학교에서도 국어, 과학, 사회, 역사, 도덕을 제대로 읽을 것을 권장합니다.

- 정보·지식을 소개하는 규칙을 발견하라!

지식과 정보를 주는 글은 설명하는 글의 장르로, 전달이 가장 중요합니다. 글쓴이는 전달을 잘하기 위해서 다양한 설명 방법을 활용하지요. 중고등 과정에서 설명하는 글에 대해 학습할 때 아이들은 이미 설명 방법을 익혀 알고 있을 수도 있습니다. 만약 글에 대한 설명 방법을 학습하지 못했다면 교과에 있는 설명 방법을 익히고 이용해 텍스트를 읽어 볼 것을 권합니다.

설명할 때 가장 먼저 해야 할 것은 개념 정리입니다. '○○이란, ~는 ○○이다' 등의 문장 형태가 있다면 설명하려는 것의 개념을 먼저 안내하는 글이므로 핵심어에 표기를 해 두면 기억하는 데 도움이 됩니다. 가령, 자연재해를 설명하기 위해 '정의'라는 설명 방법을 사용하여 정보를 나열합니다. 자연재해의 사회적 정의를 설명하고 교과서에서는 그로 인한 폐해와 문제를 기술해 가는 방식이지요. 이런 설명 방식은 교과서에 가장 흔히 쓰는 방법입니다. 과학, 사회, 음악 미술 어디에서나 볼 수 있지요. 또 이러한 방식은 비단 교과서에서만 쓰이는 것은 아닙니다. 일반인들이 접하는 지식 정보 도서에서도 개념을 정의하는 것은 가장 일반적인 방법입니다. 개념을 먼저 풀어 두어야 앞으로 설명할 것에 대해 말하는 것이 쉬워지기 때문이지요.

정보를 파악하기 위해 읽는 글이라면 가장 선행되어야 하는 것이 개념 찾기입니다. 개념어를 찾았다면 정보가 분류되는 기준을 찾고, 그 분류 기준으로 구분된 정보의 차이를 파악하는 것이 다음 과정이 되는 것이지요. 물론 개념을 설명하였다 하더라도 설명하는 과정에서 하위 내용을 설명할 때는 공통점과 차이점을 구분하여 설명 대상에 대한 특징을 파악한다면 쉽게 정보를 찾을 수 있습니다. 예를 들어, 학생들에게 경제 상식을 키워 줄 수 있는 책, 『경제학 콘서트』에서는 외부 효과에 대해 설명합니다. 그리고 외부 효과에는 부정적 외부 효과와 긍정적 외부 효과가 있다고 이야기하며 둘의 차이를 에이브러햄 링컨의 예를 들어 설명하지요. 그리고 둘의 가장 큰 차이는 외부적 요인으로 인해 이득을 보느냐 손해를 보느냐 하는 것을 알게 되지요.

이처럼 설명하는 글을 읽을 때는 머릿속으로 먼저 개념을 먼저 되짚어 보고 분류 기준에 따라 나뉘는 설명 대상들 간의 특징을 파악하여야 합니다. 특히 차이점을 설명하는 방법은, 본질적으로 글쓴이가 말하고자 하는 것을 확실하게 전하고자 다른 대상을 가져와 대조하는 방식이라 설명글에서는 흔히 사용합니다. 상반된 의미의 대상을 설명하는 것으로 이야기가 전개될 것이라고 알고 있다면, 상대성을 이해하는 것만으로도 정보를 이해하는 데 큰 도움이 됩니다. 학생들의 경우 학습을 위해 설명문을 읽는 경우, 대조를 사용하는 글에서 'O △'와 같이 대조되는 방향의 키워드에 표기를 하며 읽는 것도 좋은 방법이 될 수 있어요. 간단한 표기는 글을 읽는 데 집중력을 높이니까요.

끝으로 예시로 활용하는 방법입니다. 일반적으로 사회, 과학 등의 전문적 내용을 설명하는 글은 개념을 나열하면 이해하기 어렵습니다. 전문 용어로 나열된 말들을 추상적이고 전문가들의 지식에 의해 나열되어 그 정보들은 아이들이 이해 없이 읽는다면 글씨만 읽고 마는 꼴이 되고 맙니다. 때문에 이러한 말들을 이해하도록 하는 방법이 예시입니다. 정보와 지식이 담긴 글에는 많이 담길 수밖에 없습니다. 특정한 개념이 이해가 안 된다면 그 개념을 풀이해 둔 예를 확인하며 그 예시가 말하는 것과 개념을 연결 지어 생각하는 것이 매우 도움이 됩니다.

정리하자면, 설명하는 글을 읽을 때는 우선, 설명 대상이 무엇인가를 파악하고, 설명하려고 하는 내용이 무엇인지 파악합니다. 그리고 그 설명 대상을 설명하기 위해 쓰이는 개념어에 표기를 해 두어 개념어의 의미를 잊지 않도록 합니다. 설명을 하는 내용을 읽어 가며 한 가지의 개념에서 세분화되는 개념이 있다면 그 개념에도 표기를 해 두고, 두 개념의 차이를 설명한다면 차이를 발견하며 읽습니다. 예시를 통해 글쓴이가 말하고자 하는 개념을 설명하고 있다면 그 개념의 예를 무엇으로 드는지를 파악하여 내용을 직접 적용해 보면 좋습니다.

- 글에 따라 적용되는 설명 방법은 다르다

설명하는 글에 있어 중요한 것은 지금까지 앞에서 설명하였습니다. 대상을 찾고, 개념어를 찾고 여러 내용을 설명하는 경우 차이점을 발견하고, 예를 통해 이해해 보는 것은 기본적인 방법이지요.

고등학교 2학년 도성이는 자신이 읽는 글 중에 철학 지문이 가장 어렵고 이해하기 어렵다고 말합니다.

"선생님, 저는요, 철학자들의 생각을 이해하기에 그 사고의 전개가 도통 파악이 안 되어요. 철학이 어렵고 힘들어서 아예 그런 주제가 나오면 읽고 싶지가 않아요. 그래서 학교에 치루는 전국연합 시험을 볼 때도 그런 지문은 그냥 읽을 생각도 안 해요."

도성이의 말처럼 많은 아이들이 수능 지문 독해를 위해 공부를 하다 보면, 자신과 거리감이 있는 지문과 영역을 만날 수밖에 없습니다. 그래서 그런 지문의 내용 파악이 어렵고 힘겨워하는 친구들이 많습니다. 물론 원활하게 독해를 해 나가기 위해서는 앞서 제시한 것처럼 교과서 읽기를 기초로 하고 설명하는 방법의 규칙을 따라가며 읽기를 훈련하는 것이 가장 먼저 선행해야 합니다. 그러나 그런데도 자신과 관련 없는 분야의 글에 대해 흥미가 전혀 생기지 않고 어렵다면, 우선 SNS와 같은 미디어 채널을 이용하여 철학에 대해 흥미를 가져 볼 것을 권합니다. 다양한 채널이 넘치는 현대에는 정보를 접할 방법이 책으로만 있는 것은 아니니까요. 철학자에 대해 소개한 영상을 찾아보며 철학에 대한 관심을 가져 보고 철학적 사고를 하고자 하는 마음을 열어 두는 노력을 조금씩 해 본다면 마냥 어렵게 느껴지고 멀기만 했던 철학이 조금은 가깝게 느껴질 수 있습니다.

철학적 지문에 대한 관심이 조금씩 생겨나 읽을 마음이 생겼다면, 이번에는 철학과 같은 인문학 지문을 읽으며 관점을 찾아보세요. 철학자들이 각자의 견해를 설명하는 내용이 많기 때문에 자신의 견해에 대해 논리적으로 설명하는 방법으로 예시를 주로 사용하지요. 관점을 우선 찾는 것은, 철학자의 철학에서 중요하게 생각하는 논지를 찾는 것과 같습니다. 반면 경제, 법과 같은 지문은 예시를 통해 그 상황을 파악하는 것이 중요합니다. 경제, 법 용어를 풀어놓다 보면 대체로 현학적이라 어렵게 느껴지고 글씨만 읽을 뿐 내용이 와 닿지 않는 경우가 허다합니다. 이럴 때 텍스트에 의지해 해결할 수 있는 방법이 바로 예시입니다. 예를 통해 경제, 법의 이론을 이해해 보길 권합니다.

그렇다면, 과학, 기술처럼 원리를 설명하는 글은 어떨까요? 원리를 설명할 때는 대체로 '과정'이라는 설명 방법을 활용하게 됩니다. 과정을 통해 과학 현상을 설명하기 때문이지요. 과정 단계가 나올 때 번호를 하나씩 글에 달아 보며 메모해 읽어 보면 도움이 될 것입니다.

📍 정보와 지식이 담긴 글을 쉽게 읽는 방법 공개!

🔍 하나! 자주 언급하는 단어를 파악하자!

흔히 '중심 단어' '핵심어'라고 하는 말을 합니다. 글에는 글쓴이가 화두로 삼고 있는 것이 있지요. 자주 언급하는 낱말을 확인하고 그 낱말의 무엇을 설명하려 하는지 파악합니다.

🔍 둘! 중심이 된다고 생각하는 낱말과 문장이 있다면 표기하자!

눈으로 기억하기 어려운 정보 양은 표기해 두고, 그 부분만 따로 읽어 본다면 좀 더 내용을 이해하는 데 도움이 됩니다.

🔍 셋! 메모하거나 도식화하자!

정보의 모든 내용을 메모할 수는 없으니, 설명하는 내용 중 필요하다고 생각되는 부분은 책 여백에 간단히 메모를 하거나 전체 글을 구조, 도식화해 봅니다. 가령, 마인드맵은 도식화 방법 중 하나인데, 내용이 머릿속에 그려지도록 구조를 간단한 낱말 중심으로 도식화해 봅니다.

🔍 넷! 흥미로운 부분부터 읽자!

모든 내용을 한꺼번에 읽는다는 것에 부담을 줄이도록 단계별로 읽어 봅시다. 우선 관심 있는 부분부터 읽으며 읽은 부분의 내용과 연결되는 다른 부분도 다시 연결하여 읽는 방법으로 확장하며 읽어

나가 본다면 읽기의 부담을 줄일 수 있습니다.

🔍 다섯! 가볍게 읽고, 깊이 있게 다시 읽어 보자!
목차를 보고, 가볍게 읽기를 시도한다. 소제목을 중심으로 먼저 전체 내용을 훑어보며 읽고 관심 있는 부분을 찾아 읽어 본 후 처음부터 다시 읽어 봅니다.

🔍 여섯! 정보의 양이 많다면, 날짜를 나눠 하루 15분 읽기를 시도하자!
날짜에 맞춰 하루 읽을 양을 정해 두고 읽는다면 읽기의 부담을 줄일 수 있습니다.

❸ 글을 시각화하여 입체적으로 읽어라!

　2015 교육 과정의 국어 읽기 영역 성취 기준을 살펴보면 초등 3~4학년 시기에는 글을 읽고 사실과 의견을 구별할 수 있어야 하고요. 초등 5~6학년 시기에는 글의 구조를 파악해 글 전체 내용을 요약하고, 글쓴이의 주장을 파악하는 것은 물론 글의 타당성과 표현의 적절성을 판단할 수 있어야 합니다. 중고등 과정에서는 다양한 논증 방법을 파악해 글쓴이의 관점을 들여다보고 같은 주제의 다른 관점을 만나 비판적으로 수용하는 과정이 필요합니다.

　앞서 언급한 대로 문학 작품의 경우 그 의미가 숨겨진 경우가 많아 갈래의 특성을 들여다보고 표현법을 공부하는 훈련이 필요하지요. 그런데 우리가 평소에 만나는 글 가운데 더 많은 비중을 차지하는 것은 설명하는 글과 누군가의 관점이 들어간 주장하는 글입니다. 우리가 문해력, 독해력의 관점에서 평가할 수 있는 글 읽기는 바로 문학 외의 영역인데요. 문학 작품은 표현의 이면에 숨겨진 의미를 파악해야 하지만 문학이 아닌 글은 의미를 숨기지 않고 명확히 드러내기 때문에 어떤 면에서는 더 쉬운 글 읽기라고 할 수도 있습니다.

　아이들의 읽기 영역의 성취 기준이 확립되어야만 하는 이유는 이러한 읽기 능력의 성취가 다른 교과의 읽기 영역과 직결되기 때문입니다. 학교 공부를 위해 읽게 되는 글은 설명문 장르가 가장 많습니다. 대부분의 교과서는 정보를 안내하고 정보에 대한 풀이를 하기 때문이지요. 그 다음으로 만나게 되는 장르는 글쓴이의 주장과 관점이 들어간 글입니다. 도덕, 한국사 때로는 과학의 영역에서도 누군가의 관점이 들어간 글을 만날 수 있습니다. 학문의 세계는 누군가의 깊이 있는 탐구의 결과물이기 때문에 그것이 진리로 확정될 때까지 수많은 연구자들의 논의가 필요합니다. 그 논의의 과정을 들여다봄으로써 타인의 다양한 관점을 공부할 수 있습니다. 반드시 100% 정답일 수밖에 없는 주제로 주장하는 글을 쓰지는 않겠지요.

나의 생각, 주장, 관점을 드러내기 위해서는 반드시 그를 뒷받침할 만한 타당한 근거가 필요합니다. 우리가 주장을 할 때에 '왜?'라는 물음에 답할 수 있으려면 근거가 탄탄해야겠지요. 객관적인 정보를 근거로 제공하면 주장은 더욱 견고해집니다. 때문에 다양한 지식 정보를 활용하는 능력이 주장이 들어간 글을 쓰는 데에도 매우 유리합니다. 읽기 이야기를 하면서 자꾸 쓰기가 언급되는데요. 우리가 교과 과정에서 아이들에게 요구하는 글쓰기는 대체로 자신의 생각, 주장, 관점을 드러내는 글쓰기입니다. 때문에 특정 주제에 대한 다양한 논의를 글로 접해 보고, 누군가의 관점과 주장이 타당한지 비판적으로 바라보며 글을 읽을 필요가 있습니다. 내가 나의 생각이 들어간 글을 쓰기 위해서는 다른 사람의 관점이 들어간 글을 많이 읽어 보는 것이 좋겠지요.

사회, 과학, 도덕 등 다양한 과목의 교과서는 가장 쉽게 쓰인 설명문이자 누군가의 관점을 들여다볼 수 있는 글이 다수 실려 있습니다. 그런데 교과서를 제대로 읽고 수업에 들어가는 학생이 몇 명이나 있을까요? 매일 영, 수 학원에서 공부하는 우리 아이들은 정작 내일 있을 수업의 교과서를 전날 펼쳐 보기는 할까요? 교과서를 미리 읽어 보는 것만으로도 학습 효과는 두 배가 될 것입니다. 그럼 어떻게 읽어야 독해 능력을 끌어올리는 읽기가 될까요?

- 핵심어와 주장 먼저 파악하기

글쓴이의 의견이 주가 되는 글에서는 글의 주제를 먼저 파악하는 것이 좋습니다. 글의 제목과 서론이나 결론을 살펴보면, 글쓴이가 말하고자 하는 핵심 주제가 무엇인지 쉽게 파악할 수 있습니다. 훑어 읽기를 통해 자주 언급되는 핵심어는 찾아서 표시하고, 핵심어에 대한 글쓴이의 생각은 무엇인지 주장이 담긴 문장을 찾아보면 좋은데요. 이렇게 어떤 내용이 전개될지 먼저 주제를 파악하며 읽게 되면 읽는 과정 속에서 글쓴이의 논지 전개 방식과 흐름을 좀 더 쉽게 파악할 수 있습니다.

초등 과정에서부터 각 문단별로 중요한 핵심어가 무엇인지 중심 문장이 무엇인지 표시하면서 읽는 습관을 들이면 좋습니다. 자주 반복적으로 등장하는 어휘는 핵심어가 될 것이고요. '따라서, 그러므로, 그래서' 등과 같은 인과 관계를 보여 주는 접속 부사를 잘 따라가는 것도 중요합니다. 접속 부사는 문장과 문장 사이 문단과 문단 사이의 관계를 여실히 드러내는 중요한 표지가 되는데요. 주장하는 글에서는 인과 관계의 접속 부사만 잘 따라가도 핵심 주장이 무엇인지 쉽게 발견할 수 있습니다.

- 요약하며 읽기

    메모하며 읽기에 좋은 텍스트 중 하나가 바로 주장하는 글입니다. 글을 읽으며 핵심이 되는 단어나 문장에 표시를 했다면 이를 바탕으로 각 문단별 중심 생각이 무엇인지 간단하게 요약하는 활동이 필요합니다. 이야기 글이 아닌 글의 특성상 우리가 지문의 모든 내용을 읽으면서 바로 기억하기는 쉽지 않습니다. 핵심어와 중심 문장을 중심으로 요약해 메모하며 읽는다면 모든 글을 다 읽고 난 후 글의 구조도 쉽게 파악할 수 있고, 전체 내용이 한눈에 들어오는 효과를 가져옵니다.

    각 문단에 중심 문장이 명확하게 보일 수도 있지만 그렇지 않은 경우가 더 많습니다. 초등 과정에서는 대체로 주장하는 글의 형식을 가르쳐야 하기 때문에 각 문단별로 중심 문장이 명확하게 보이는 경우가 많습니다. 하지만 학년이 올라갈수록 이런 행운은 찾아보기 힘듭니다. 핵심어를 바탕으로 하의어와 상의어가 무엇인지 분류하고, 하의어의 개념을 포괄할 수 있는 상의어는 무엇인지 파악해 간략하게 요약하는 연습이 필요합니다. 이는 어휘에 대한 감각도 키워 주고, 쓰기 활동에도 긍정적인 영향을 줍니다.

- 전체 글의 구조를 시각화해 주세요!

    핵심어와 중심 문장을 표시하고, 이를 바탕으로 중요 내용들이 요약되었다면 전체 글의 구조가 어떻게 형성되어 있는지 쉽게 파악할 수 있습니다. 일반적으로 글쓴이의 주장이 서론 부분에 위치하면 두괄식, 결론 부분에 위치하면 미괄식이라고 부르는데요. 주장의 위치부터 파악해서 글의 구조도를 그려 보면 좋습니다.

요약해 놓은 내용을 펼쳐 놓으면 그것이 어떤 순서로 배열이 되었는지 파악할 수 있습니다. 주장을 먼저 제시하고, 이에 대한 근거와 예시를 들어 전개하고 있는지, 아니면 사례를 나열한 후 이것을 종합해 주장을 제시하고 있는지, 혹은 문제를 제기하고 이에 대한 원인과 해법을 제시하는 형태로 구성되어 있는지, 글의 구조도를 파악해야 합니다.

구조도를 파악함에 있어 시각화는 작가가 글을 쓰는 방식, 생각을 전개하는 방식을 명확하게 보여 주기에 필요하다고 생각합니다. 나만의 방식으로 요약문을 덩어리로 묶고, 주장은 네모, 근거는 세모, 예시는 작은 동그라미 등 전체 구조를 시각화하면 글쓴이의 의도를 한눈에 파악할 수 있습니다. 같은 논제를 두고 다른 관점을 갖는 글 두개를 대조해 각각의 글의 전개 방식을 시각화해 보는 것도 좋은 방법입니다. 각기 다른 생각을 갖는 각각의 글쓴이가 어떠한 방식으로 생각을 정리해 전개해 가는지 비교해 보는 것은 글쓰기의 방식을 공부하는 데에도 도움이 됩니다.

- 사전 지식과 비판적 읽기

우리가 처음 접한 제재에 대한 글을 읽을 때 필요한 것은 핵심어에 대한 정확한 개념 파악입니다. 설명하는 글에서는 친절하게 개념을 설명해 주겠지만, 주장이 들어가는 글에서는 핵심어에 대한 상세한 설명이 제시되지 않는 경우도 있습니다. 글쓴이의 관점이 들어가는 글은 비판적으로 수용해야 하기에 먼저 핵심어에 대한 명확한 개념 이해부터 해야 합니다. 모르는 어휘나 개념은 당연히 찾아봐야 하고요. 이왕이면 이와 관련한 다른 의견은 없는지 다양한 자료를 탐색해 보는 것이 좋습니다.

내가 읽은 글의 반대편에 서 있는 다른 관점을 찾아보는 활동을 해 보는 것도 좋은데요. 이러한 활동은 다양한 관점을 비판적으로 바라보게 하고, 나의 주관을 세우는 데 도움을 줄 수 있습니다. 하나의 주제에 대한 하나의 관점을 만나 또 다른 관점에 대한 관심이 생기고, 그 관심이 또 다른 텍스트를 찾아 읽도록 한다면 1석 2조의 효과를 누릴 수 있겠지요. 이 과정에서 독자는 자신의 생각은 어느 관점에 닿아 있는지 판단을 하게 됩니다. 그리고 나의 관점과 다른 관점의 글에 대해 비판적으로 바라보는 눈이 생깁니다. 나의 관점을 뒷받침해 줄 만한 객관적인 자료도 더 찾아볼 수 있습니다.

이러한 과정은 비판적 사고를 가진 능동적인 독자를 만드는 데 도움을 줄 수 있습니다. 논술 학원에서는 고학년 아이들과는 토론 수업을 진행할 때가 있는데요. 언제나 토론의 논제는 명확한 해답이 보이지 않을 때가 많습니다. 만일 정답이 정해진 논제라면 토론을 할 필요가 없 겠지요. "가난은 개인의 책임인가?" "원자력 발전소는 폐기해야 하는 가?" 등은 토론의 논제가 되지만, "폭력은 정당한가?" "살인죄는 폐지 되어야 하는가?" 등의 물음은 논제로서 적당하지 않겠지요. 아이들은 모호한 질문 앞에서 선택 장애에 놓일 경우가 많습니다. 그래서 초등학 교 아이들과 토론을 진행하는 일은 결코 쉽지 않습니다. 충분한 자료가 제공됨에도 불구하고 50대 50, 양 갈래 길에서 어느 쪽에도 확실하게 발걸음을 내딛지 못하는 아이들이 많은데요. "선생님 저는 중간이요!" 라고 말하는 것이죠. 수많은 선택의 갈림길 앞에서 부모님의 선택에 의 지해 온 아이들이 많다는 얘기일 것입니다.

　자신 있게 자신의 주장을 펼칠 수 있는 아이를 만들고 싶다면, 아이 에게 더 많은 선택권과 발언권을 주는 환경을 만들어야겠고요. 주장, 관점이 들어간 다양한 글들을 읽도록 해 세상의 모든 일에 다양한 관점 이 존재하고, 우리는 여러 관점들 중 하나를 선택해야 함을 인지시켜야 겠습니다. 재미있는 논제가 있다면 가정에서 서로 찬반으로 나뉘어 토 론의 시간을 가져 보는 것도 좋겠지요.

- 스마트폰으로 함께 신문을 읽어요!

　관점 독서에서 좋은 교재는 신문입니다. 커다랗게 표제를 적어 말하 고자 하는 바가 무엇인지 명확하게 드러나 있고, 육하원칙으로 글을 전개하고 있어 어떤 글보다도 핵심 내용이 정확하게 보이기 때문입니다. 글이 아닌 영상으로 보는 뉴스도 마찬가지인데요. 영상 뉴스의 가장 좋은 점은 아나운서가 리드멘트를 통해 기자가 보도할 핵심 내용을 요약해 알려 준다는 점입니다. 그래서 뉴스를 보는 사람은 어떤 내용을 중점으로 봐야 하는지 쉽게 파악할 수 있는데요. 참고로 영상 뉴스의 경우 중학교 2학년 정도의 학생이 이해할 수 있는 수준에서 작성하도록 하고 있습니다. 때문에 초등학생의 경우 뉴스를 볼 때 어려운 어휘는 부모님의 지도가 필요하고요. 중고등학생이라면 쉽게 이해할 수 있을 것입니다.

요즘은 종이 신문을 접할 기회가 거의 없어서 아예 신문이라는 매체를 모르는 아이들도 있습니다. 인터넷에서 신문을 클릭해서 보는 아이들이 없다는 얘기겠지요. 우리가 어렸을 때는 신문은 언제나 집안 곳곳에서 쉽게 찾아볼 수 있는 매체였고, 뉴스도 9시가 되면 싫어도 가족이 함께 거실에 앉아서 꼭 챙겨 보는 가장 시청률이 높은 프로그램이었습니다. 21세기 가정 내 매체 읽기 환경을 본다면, 가족이 함께 신문이나 뉴스를 보는 경우가 많이 줄었습니다. 각자 손 안에 잡히는 스마트폰이 가족이 함께할 수 있는 중요한 시간을 막고 있다는 얘기이기도 합니다.

조정래의 작품 『마술의 손』을 보면 시골 마을에 처음 전기가 들어온 상황이 나옵니다. 전기가 들어오자 텔레비전이 집 안에 들어오고, 마을의 분위기는 완전히 달라지죠. 모기불을 피워 놓고 도란도란 이야기를 나누던 일상은 사라지고, 각자의 집 안에서 타인과의 교류 없이 텔레비전을 보기 시작했기 때문입니다. 이러한 현상은 21세기에는 각 가정에서 벌어지고 있습니다. 적어도 하루에 1~2시간은 가족이 거실에 함께 모여 앉아 텔레비전을 보았던 일상은 사라지고 있습니다. 예전에는 리모컨의 주도권을 쥔 가족 구성원이 권력의 중심에 있었다고 해도 과언이 아닌데요. 지금은 각자 보고 싶은 프로그램을 스마트폰을 통해 볼 수 있기 때문에 굳이 리모컨 주도권 전쟁에 힘을 빼지 않아도 됩니다.

이러한 현상은 이제 가족 구성원을 각자의 공간으로 몰아넣고 있습니다. 예전에 전기가 처음 들어오고 텔레비전이 마을 공동체를 와해시켰듯이 이제는 스마트폰이 가족 구성원의 유대감을 와해시키는지도 모르겠습니다.

이제 그 스마트폰을 스마트하게 활용해 보면 어떨까요? 아이가 관심을 가질 수 있을 만한 뉴스거리를 SNS를 통해 공유하고, 각자 관련된 자료를 더 찾아와 함께 이야기 나누는 시간을 마련해 보는 것입니다. 같은 주제의 뉴스라도 어떤 언론사에서 보도했느냐에 따라 완전히 다른 관점의 뉴스가 나오기도 하니까요. 이럴 때 가족 구성원들은 어떤 관점에서 해당 뉴스를 바라보는지 서로 이야기를 나눠 보면 좋겠습니다. 지구촌 곳곳에서 발생하고 있는 전쟁과 질병, 기아, 빈부격차의 문제 등등 교과서에서 배우는 내용들은 결국 지금 현재에도 일어나고 있는 일들이니까요.

함께 신문을 보고 뉴스를 보고 해당 주제로 이야기를 나눌 수 있다면, 따로 비문학 공부에 열을 올리지 않아도 될 것입니다. 정치, 경제, 사회, 문화 등 다양한 분야에 관심을 가질 수 있도록 부모님이 세상을 보는 창을 열어 주세요.

🔎 주장, 관점이 들어간 글 읽기 독해 방법!

🔍 하나! 제목부터 살펴보고, 주제를 간파하라!

주장하는 글은 자신의 주장을 관철시키기 위해 제목에서부터 자신의 견해를 확실히 드러냅니다. 제목과 함께 서론이나 결론 부분을 먼저 살펴본다면 주제가 분명하게 보일 것입니다.

🔍 둘! 중심 문장 찾기!

문단별로 중심 문장에 밑줄을 그으며 읽도록 합니다. 하나의 문단 안에는 하나의 생각이 담깁니다. 그래서 문단으로 구분하는 것이지요. 문단별로 하고자 하는 말이 무엇인지 밑줄을 그어 파악하도록 합니다. 중심 문장을 찾기 어렵다면 문단 내에서 자주 등장하는 단어가 무엇인지 파악하고 이를 중심으로 중심 문장을 만들어 문단의 중심 생각을 파악해야 합니다.

🔍 셋! 요약하며 읽기!

설명하는 글과 마찬가지로 주장하는 글은 글쓴이가 자신의 주장을 어떤 근거를 들어 뒷받침하고 있는지 주장과 근거-예시 등을 요약하며 읽어야 글의 구조를 한눈에 확인할 수 있습니다.

🔍 넷! 글의 구조도 시각화하기

요약한 내용을 토대로 글의 구조도를 그려 주세요. 주장하는 바가 어디에 놓이는지 근거는 어떤 방식으로 펼치고 있는지, 도형 등의 그림으로 시각화해 글쓴이가 자신의 주장을 펼치기 위해 어떠한 형식적 전략을 취하고 있는지 파악하는 것이 좋습니다.

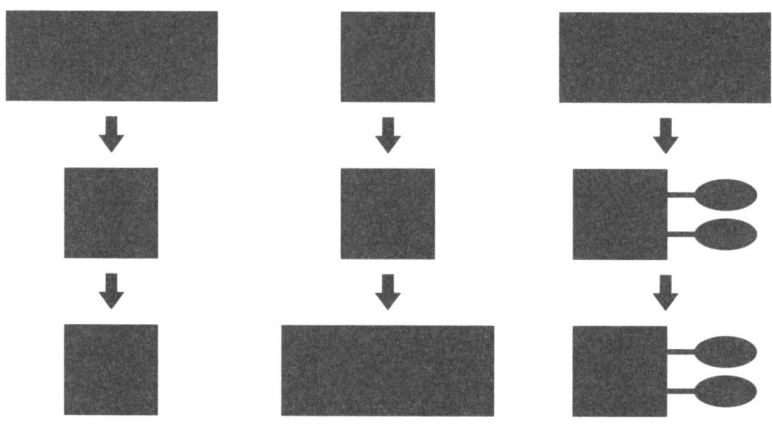

글의 구조도 예시 안

맺음말

학습 현장에서 아이들을 만나다 보면 학습의 가장 큰 어려움이 읽기에 있다는 것을 쉽게 목격할 수 있습니다. 불과 20년 전과는 다르게 인쇄 매체보다는 영상 매체가 더욱 큰 자리를 차지한 현대 사회에서 아이들이 여전히 인쇄 매체로 접하는 학습에 불편함을 또는 흥미를 갖기 어렵다는 것은 당연한 일일지도 모릅니다. 그러나 스마트폰으로 세상의 정보를 접하며 종이 텍스트의 규모가 작아졌다고 하지만 활자 매체를 읽는 활동은 여전하며 이로 인해 많은 정보를 공급받고 더불어 학업을 수행해야 합니다. 심지어 21세기가 되어 읽어 내야 할 텍스트는 더욱 많아졌습니다. 때문에 읽기 능력의 부재는 세상을 이해하고 소통하며 살아가는 방법을 제대로 배울 수 없게 하고, 단절을 만들어 냅니다.

학교 교육 과정은 우리 삶에 꼭 필요한 글을 읽고, 쓰고, 말하고, 들을 수 있는 가장 기초적인 영역을 아이들의 발달 단계에 맞춰 꼼꼼하게 설계한 결과물입니다. '등잔 밑이 어둡다'고 했던가요? 정작 가장 중요한 읽기의 초석이 되는 교과서를 아이들도 부모들도 쉽게 치부해 버리지는 않았는지, 당연한 내용이 적혀 있는 책으로 소홀히 대하지 않았는지 되돌아보았으면 합니다. 교과서의 커리큘럼을 한 번만 제대로 들여다본다면, 우리 아이가 지금 어떤 배움의 단계를 밟고 있고, 우리 삶에 꼭 필요한 언어 능력이 어느 정도인지 확인할 수 있습니다.

이 글은 그러한 고민 위에 쓰였습니다. 지금 우리 아이가 잘 읽고 있는지, 무엇을 읽어야 하고, 어떻게 읽어야 하는지, 읽기 능력을 최대한 끌어 올릴 수 있는 초등 고학년과 중학교 아이들을 위한 고민이 집중적으로 담았습니다.

또한 아이들에게 글을 읽고 쓰는 방법을 가르치면서 느꼈던 다양한 아쉬움들을 부모님들께 전달해 아이들이 제대로 읽고 쓸 수 있도록 지도하고 싶었습니다. 읽고 말하고 쓰고 듣는 능력은 일상의 영역 어디에서든 언제든 쓰이는 중요한 삶의 도구입니다.

일주일에 몇 번 학원을 다닌다고 해서 쉽게 끌어올려지는 영역은 아닙니다. 매일 매일 조금씩 조금씩 부지런히 쌓아 올렸을 때 진정한 성장이 이뤄지는 영역이라고 생각합니다. 그래서 매일 만나는 부모님과 하루의 아주 작은 몇 분만이라도 세상을 바라볼 수 있는 읽고 쓰고 듣고 말하는 영역의 일부분을 공유해 주시길 당부드립니다. 공감과 함께 실천으로 이어 간다면, 아이들의 읽기는 어렵지 않게 향상되어 있다는 것을 느끼게 되실 것입니다.

이 책이 여러분의 아이들과 여러분을 끈끈하게 연결하고, 아이의 국어 능력이 끌어 올려지는 계기가 되길 간절히 바랍니다. 최고의 논술 선생님은 바로 엄마입니다.

− 성화, 박선영 드림